新 現場からみた出版学

植田 康夫 編著

学文社

執　筆　者

＊植田　康夫（上智大学／読書人）	Ⅰ
中陣　隆夫（東海大学文明研究所／東海大学出版会）	Ⅱ
篠田　博之（東京経済大学／創出版）	Ⅲ
鳥井　守幸（帝京平成大学／毎日新聞社）	Ⅳ
合庭　惇（国際日本文化研究センター／岩波書店）	Ⅴ
植村　八潮（大妻女子短期大学部・東京電気大学出版局）	Ⅴ
清田　義昭（東洋大学／出版ニュース社）	Ⅵ
小出　鐸男（江戸川大学／日本経済新聞社）	Ⅶ
山田　健太（青山学院大学／日本新聞協会）	Ⅷ
塩澤　実信（出版評論家／双葉社）	Ⅸ

（執筆順：＊は編者）
カッコ内は所属大学（元も含む）および元（現在も含む）の所属組織

❖ はしがき

　1994年10月に天野勝文・松岡由綺雄・村上孝止氏らの共編で『現場からみたマスコミ学』が学文社から刊行された．この本は，「現場体験に基づいた生き生きとしたマスコミ論・ジャーナリズム論を」という意図をモチーフとしており，執筆者はマスコミ現場の出身者で，今は大学でマスコミ関係の講義をしている人たちであった．同書の「はしがき」によると，上記のモチーフは，「アカデミズムの世界で論じられているマス・コミュニケーション論やジャーナリズム論に対する不満」と，マスコミの「現場で体験したことの違和感」によって形成されたというが，そのような想いを軸にして執筆されたため，マスコミ論の関係書としては，類書にない特色をもっていた．

　そのため，同書は改訂版やPART IIなどが後に刊行され，同書の各論編ともいうべき『現場からみた新聞学』『現場からみた放送学』『現場からみた出版学』を生み出した．そして，『マスコミ学』のPART IIは『現代マスコミ論のポイント』へと衣替えし，一昨年から今年にかけて，『新聞学』『放送学』『出版学』『ポイント』の4冊が，それぞれ新版を刊行することとなり，このほど，すべてが出揃った．4冊のうち，2冊に編者として名をつらねたが，私ひとりで編者となった『新　現場からみた出版学』は，前の『出版学』が1996年9月の刊行なので，それ以後の出版界の変遷を念頭に置いた内容となるような編集を心がけた．それというのも，出版界は1997年から2003年まで7年間連続して出版物（書籍・雑誌合わせて）の販売金額が対前年比でマイナス成長を続けるという暗夜のような状況に陥り，97年以前と97年以後とでは，全く異なる様相を呈することになったからである．

　本書では，こうした変化を見据えながら，現代における出版の課題に始まり，学術出版，コミック出版，週刊誌・写真週刊誌，出版産業，デジタル出版，出版流通，出版における表現の問題，出版人の資質などについて，9人の執筆者

によって論じた．執筆者は前の版と同じだが，それぞれの章にふさわしい執筆者に担当してもらったと自負している．大学での出版関係の講座は新聞や放送などに比べ，まだ少ないが，本書が出版関係の講座のテキストとして使用されることを願っている．

　また，テキストとして以外にも，現在，出版界がどのような問題に直面し，どういう状況にあるかを展望できる内容となっているので，出版に関心をおもちの方は，ぜひお読みいただきたい．そして，さらに希望を述べさせてもらうと，本書の刊行と同時期に学文社から刊行された『新　現代マスコミ論のポイント』にも，出版の現場，出版の歴史，出版産業の構造的特質，出版ジャーナリズムなどについて論じた章があるので，あわせてお読みいただきたい．また，日本出版学会編『白書　出版産業──データとチャートで読む日本の出版』も文化通信社から近く刊行されるが，こちらも，日本の出版界についての情報を多角的に統計に基づいて提示しているので，ご参照いただきたい．最後に，お忙しい中をご執筆いただいた共著者の方々と，出版のためにさまざまなお力添えをいただいた田中千津子社長をはじめ学文社の皆様にお礼申し上げたい．

　　2004年4月　　　　　　　　　　　　　　　　　　　　　　　植田　康夫

目　次

I　現代における出版の課題　　　　　　　　　　　　　　　　　　　1

　§1　出版における神話の崩壊　　1

　　　7年連続のマイナス成長……1／雑誌のマイナス成長……3

　§2　雑誌の不振を象徴するもの　　4

　　　コミック誌のマイナス成長……4／定期購読性の回復を……4／好調な売れ行き示す雑誌も……5

　§3　メガヒットにみる新現象　　6

　　　語りの本の登場……6／電子書籍をめぐる動き……7

　§4　出版をとりまく環境　　8

　　　読書環境の整備……8／変わるべきでない問題……9

II　学術出版の状況　　　　　　　　　　　　　　　　　　　　　　12

　§1　学術出版とは　　12

　　　学術情報の分類……13／学術情報の分業……14

　§2　学術出版の性格　　16

　　　印刷部数と定価……16／マーケティング……17／採算性……18／勘定を誰が払うのか？……20

　§3　技術変化による学術出版への影響　　22

　　　コンピューターの出現……22／ニューメディアと"変化"……23／大学出版部と学術出版……23

　§4　文化の母なるもの　　24

　　　変容する科学研究……24／学術書の機能と役割……24

III　コミック出版の実態　　　　　　　　　　　　　　　　　　　　27

　§1　コミックの拡大と変容　　27

　　　大いなる誤解……27／全出版物の約4割……28／青年コミック誌の拡大……29／大手3社のヤング誌戦争……31

§2 コミック誌とコミックス　31

コミック誌のラインと少年誌市場……31／コミックスの隆盛……33／寡占化と新規参入……35／リメイクもののブーム……35

§3 コミックのメディアミックス　36

テレビアニメとの連動……36／メディアミックスの進展……37／ゲームとコミックの連動……38／キャラクタービジネスの伸長……38／コミック誌とコミックスの変化……39

§4 日本マンガの海外進出　40

アジア進出は海賊版対策……40／欧米ではアニメが先導……40

IV 週刊誌と写真週刊誌　42

§1 週刊誌とジャーナリズム性　42

強まる「少量多品種」傾向……43／原型は明治期につくられた……44／ホームジャーナルの確立……46／週刊誌ブームと芸能誌休刊……48

§2 インフォメーションからエンターテインメントへ　50

大衆的好奇心と週刊誌手法……50／写真週刊誌と女性週刊誌……51

§3 問われる性表現・人権・プライバシー　53

相つぐ人権の訴え……53／プライバシー制約の条件……54／名誉毀損賠償の高額化傾向……55／新聞社の性表現広告見合せ事件……56／JR東日本，文春締め出し事件……57／週刊誌ジャーナリズムの使命……58

V デジタル時代の出版　60

◆ ネットワーク出版

§1 ブロードバンド時代の到来　60

インターネットの爆発的成長……60／ブロードバンド元年……61

§2 電子出版とは　62

電子出版の4形態……62

§3 ネットワーク出版とは　64

電子ジャーナル……64／ネットワーク出版とデータベース……66

◆ eブック

§1 変化し続ける電子出版の定義　69

eブックの定義と範囲……69／デジタル化による出版の相対化……70

§2 eブックの歴史とeブックビジネス　70

eブックの販売サイト……70／出版社コンテンツとeブックビジネス……71

§3 デジタル技術で変化する出版環境　72

eブックにおける電子出版契約と著作者人格権……72／eブックの著作権保護とネットワーク文化……72

VI 変貌する出版流通　74

§1 "モノ"としての出版　74

出版物の文化性と商品性……75／流通もJIS規格……75

§2 出版流通のシステム　76

取次の歴史……76／取次会社の役割と機能……77／経営が厳しくなる書店……79

§3 出版販売物ルートの現況　80

定価販売と委託販売……80／委託販売の種類と期間……82／やはりメインは書店ルート……84／多様化する直販ルート……85／インターネット書店ルート……85／章のまとめと今後の課題……86

§4 再販制の現在　89

独禁法の適用除外……90／再販制の見直し発言……91／91年の見直し……92／「中間報告」の公表と反省……94／「中間報告」の内容……95／現行再販制の運用……96／規制緩和の「論点公開」……97／再販論議の推移……102

VII 産業としてみた日本の出版の特質　108

§1 はじめに　108

出版は産業か……108／情報産業としての出版……109／分析の手法とその限界……110／分析としての3つの視点……110

§2　出版産業と寡占化について　111

企業としての出版社は全体の1割……111／新刊書籍点数にみる上位集中……112／効率経営で有利な大手出版社……113／より鮮明な雑誌の集中度……113／大取次は寡占状態……115／書店のチェーン化はますます盛ん……115／進む書店のチェーン化……116

§3　一極集中の出版産業　117

首都圏集中の実態……117／なぜ一極集中は進んだのか……118／集中はさらに進む見通し……118／一極集中は，いつまで続くか……119

§4　出版産業高収益性の構造　120

所得ランキングにみる高収益性……120／高い収益率はなぜ生まれる……121

§5　出版の二重構造について　123

二重構造の意味……123／編集プロダクションのはじまり……123／編集プロダクションの競争激化……124／出版社と書店の格差……125／中小出版社の存在意義――むすびに代えて……126

VIII　出版における〈表現〉の問題　128

§1　出版の自由と倫理　128

検閲の禁止……128／社会的プレッシャーの是……129／出版倫理の大切さ……130／規制の理由付けと手法……131

§2　差別・猥褻・子どもの扱い　133

国際基準としての差別表現禁止……133／集団的名誉毀損の扱い……134／コミック規制の危険性……135／自主規制の限界……136／少年特定報道の禁止……137

§3　新たな展開と権利救済制度　138

国際化の中の表現規制……138／表現の自由原則の揺らぎ……139／報道被害の救済……140

IX　出版人の資質と課題　143

はじめに……143／謙虚で誠実であれ……144／見識と先見性……146／出版は天下の公器……147／ジャーナリスト感覚をもつ

……149／独創誌のつくり方……151／コミック誌の世界……153／顰蹙を挺として……154

付　表 ……………………………………………………………159
索　引 ……………………………………………………………165

I 現代における出版の課題

§1 出版における神話の崩壊

　出版界に長い間生き続けてきた"出版は不況に強い"という神話が崩壊して久しい．長く続いている経済不況の中で，出版も1997年以来，不況に見舞われ，出版物（書籍・雑誌をあわせて）の販売金額が2003年まで7年間，次のように連続してマイナス成長を続けている．

　　1997年＝2兆6,374億2千万円（▲0.7％）
　　1998年＝2兆5,415億1千万円（▲3.6％）
　　1999年＝2兆4,607億4千万円（▲3.2％）
　　2000年＝2兆3,966億2千万円（▲2.6％）
　　2001年＝2兆3,249億6千万円（▲3.0％）
　　2002年＝2兆3,105億2千万円（▲0.6％）
　　2003年＝2兆2,278億2千万円（▲3.6％）

（社団法人全国出版協会・出版科学研究所調べ）

2003年の2兆2,278億2,000万円という販売金額は，1991年の2兆2,785億1,000万円とほぼ同じ額なので，出版物の販売金額は12年前に戻ってしまったことになるのだが，1996年までの出版物の販売金額は常に前年比でプラス成長であった．たとえば，1951年が22.9％，1952年が20.0％，1953年が24.8％という具合に高い水準であった．そして，1976年に伸び率が8.9％になって以後は1ケタ台になり，1994年は2.1％，1995年は1.9％，1996年は2.6％という具合に低い伸び率になったが，それでも，販売金額が前年を下まわることはなかった．

　ところが，1997年以後は，毎年のように前年の販売金額よりも下まわるようになったのであるが，その原因が何であるかを，全協・出版科学研究所発行の『出版指標年報』2003年版は，次のように分析している．

　　出版物の長期低迷は，デフレ不況が長引き，所得の減少や雇用不安から将来の不安を感じ，消費マインドが回復しないことが最大の要因．その一方，対象読者の「少子高齢化」が急速に進行している．「老い」に関する本の大ヒットに高齢時代が見て取れるが，やはり本をたくさん読んでしかるべき年代である大学生以下の若年人口の減少の影響が及んでいるといえる．また，インターネットや携帯電話の普及による情報収集のライフスタイルの変化や，新古書店での売買，図書館の利用増もある．所有して読むというこれまでの読書行動が変化し，書店での購買に結びつかなくなっている．したがって，この構造的な問題にどう取り組んでいくかが出版業界の話題になっている．

　ここで指摘されている「デフレ不況」とは，バブル経済の崩壊以後，物の値段が全体として安くなり，販売金額が増加しない現象を意味しているが，その結果，所得が減少し，消費意欲が衰えるという現象が起きる．そして，「少子高齢化」は若年人口の減少につながり，本来，読書意欲が旺盛である若者層が

少なくなり，読書人口の減少で出版物の売上が低下する．またインターネットや携帯電話の普及は，これら新しいメディアによって情報を収集したり，コミュニケーションをするという習慣が強まり，若者たちは，出版物への関心が希薄になっている．それと共に，最近は本や雑誌を買って読まず，図書館で借りて読み，マンガも自分で買わずにマンガを沢山置いてあるマンガ喫茶で読む若者たちが増えている．こうした読書行動の変化が出版物の販売を阻害し，金額だけでなく，部数も前年より下まわるという現象が1997年から続いているのである．

<u>雑誌のマイナス成長</u>　『出版指標年報』で指摘されていることを詳しくみてゆくと以上の通りであるが，出版物の販売金額が前年を下まわるようになった現象には，さらに深刻な問題が露呈している．それは，出版物の販売金額の伸びにこれまで貢献してきた雑誌の販売が深刻な状況に陥っていることである．そのことを示しているのは，1999年以後の書籍と雑誌に分けた販売金額の対前年増加率であるが，それは次の通りである．

	書籍	雑誌
1999年	▲1.6％	▲4.2％
2000年	▲2.3％	▲2.8％
2001年	▲2.6％	▲3.3％
2002年	0.4％	▲1.3％
2003年	▲4.6％	▲2.9％

　2003年は，書籍の方が雑誌よりもマイナス成長率が増加しているが，1999年から2002年にかけては，雑誌のマイナス成長率が高い．しかし，1993年以前の販売金額は，書籍よりも雑誌の対前年増加率の方が高く，そのため，出版界には"雑高書低"という言葉が生まれたほどだが，現在では必ずしもそうではなく，年度によっては"書高雑低"という言葉が使われるようになったのである．ここでも，ひとつの神話が崩壊したのである．

§2　雑誌の不振を象徴するもの

<u>コミック誌のマイナス成長</u>　雑誌の不振をもっともよくあらわしているのは，コミックのジャンルである．このジャンルでは，コミックを掲載した雑誌をコミック誌とよび，コミック誌に連載されたコミックの単行本をコミックスとよぶが，このうちコミック誌は 2002 年まで 7 年連続のマイナス成長となり，コミックスは 3 年連続で 3％前後の伸びを示している．2002 年の場合，コミック誌の販売金額は対前年比 3.1％減の 2,748 億円，コミックスは同 0.1％増の 2,482 億円となっており，出版物全体（書籍・雑誌合計）におけるコミック（コミック誌・コミックス）の占有率は販売金額で前年より 0.3％ポイントダウンの 11.9％，コミックスは前年と同率の 10.7％であった．

これまで，コミックのジャンルでは面白いコミックが連載されれば，そのコミックを掲載したコミック誌の部数が伸び，さらに単行本になれば，それもよく売れるというのが通例であった．たとえば，鳥山明の『ドラゴンボール』を連載していた頃の『少年ジャンプ』は，600 万部を突破していたし，このコミックを単行本化したコミックスもベストセラーとなったのである．

<u>定期購読性の回復を</u>　ところで，コミック誌の不振に象徴される雑誌の不振は，現在出版業界に対し，雑誌の定期購読性をどのように高めてゆくかという問題を提起し，この問題についての論議が高まっている．雑誌は定期刊行されるという点に特色があり，そのため，定期購読される必要があるのだが，最近はコミック誌のように，面白い記事が雑誌の定期購読につながることが少なくなっているからだ．

そのため，日本雑誌協会では，雑誌の年間定期購読キャンペーンを展開し，講談社では定期購読サービスを行う雑誌を増やし，日経 BP 社発行の『日経ビジネスアソシエ』という雑誌は，書店での店頭販売以外に店頭購読予約を実施することになった．

日本の場合，雑誌は書店で売られ，読者は毎号，書店で買うというケースが

多いため，定期購読の比率は低いが，その販売スタイルを出版社は変えようとしているのである．欧米においては，雑誌は書店で売られず，予約購読という形で売られるが，そのような販売スタイルが日本で定着するかどうかが，現在注目されている．

とくに日本の場合，雑誌が不調とはいっても，雑誌に対する依存傾向は強い．これは，2003年でも雑誌の販売金額は1兆3,222億円で，書籍の9,056億円を上まわっているからだ．雑誌の販売金額が書籍の販売金額を上まわるようになったのは，1972年からであるが，それ以前は書籍の販売金額が雑誌の販売金額を上まわることもあったのである．

それが逆転して以後は，"雑高書低"という現象が定着し，雑誌への依存度が強まったのであるが，このような構造になっている日本の出版界にあっては，雑誌の不調は深刻な問題なのである．

<u>好調な売れ行き示す雑誌も</u>　しかし，このように厳しい雑誌界にあっても，新たな読者を開拓し，好調な売れ行きをみせている雑誌もある．たとえば，ローティーン・ファッション誌とよばれる雑誌がそうであるが，年齢は9～14歳位を対象とし，衣服やアクセサリー，化粧などの記事を掲載し，ファッション意識に訴える雑誌となっている．

雑誌名をあげると，『ピチレモン』『ニコラ』『キャンディ』『ラブベリー』『メロン』『プチバースディ』などで，2002年は前年比50.4％増で，月間総発行部数が100万部に達している．

このような雑誌が成り立つのは，ローティーンの年代の少女の自意識が向上し，独自のファッション観をもってきたからであり，さらに彼女たちの母親がファッション誌に慣れ親しんだ世代で，子どもたちのオシャレに理解があることなどが影響している．また少子高齢化のため児童への支出割合が増えており，ローティーンがファッションに関心をもつことを促している．

そして，子どものオシャレに関心のある母親たちを対象にした女性誌も，ひとつのジャンルを形成しつつある．30代向けのファッション誌で，この世代

の女性は，以前はファッションに関心がないといわれていたのだが，「JJ」を読んでいた女性が30代に達したというので，この雑誌の発行元である光文社から『VERY』という30代向け女性誌が創刊され，この雑誌が定着することによって，30代向け女性誌というジャンルが形成されたのである．そして，さらに最近では30代向け女性誌を卒業した40代女性を対象とした雑誌も登場し，2003年は対前年比39％増であった．

「少子高齢化」は出版物の販売を阻害するというのが『出版指標年報』の分析であったが，その反面，新たな読者も生み出しているのである．『サライ』『いきいき』などのシニア雑誌もそうであるが，これらの雑誌の連載が単行本になり，ベストセラーになるという例があった．たとえば『いきいき』に連載されている日野原重明氏の『生きかた上手』(ユーリーグ) は120万部に達する売れ行きをみせた．他にも石原慎太郎『老いてこそ人生』(幻冬舎) が69万部のベストセラーとなった．

§3　メガヒットにみる新現象

語りの本の登場　　出版不況とはいいながら，書籍のベストセラーでメガヒットが毎年，複数登場するのも，最近の出版界の特徴である．2003年も，養老孟司『バカの壁』(新潮社) が247万部のメガヒットとなり，片山恭一『世界の中心で愛をさけぶ』(小学館) が141万部に達する売れ行きをみせた．

前者は，2003年4月に創刊された「新潮新書」の一冊として刊行され，人間は自分が知りたくないことについては，脳に"バカの壁"を作り，理解しようとしないという問題を論じたものだが，著者が語ったものを編集者がまとめるという形で編集されており，語りのやさしさが多くの読者を獲得する要因となったようだ．

こうした語りの本としては小林秀雄賞を受賞した吉本隆明，岩井克人らの著書もそうであったが，語りの本は，今後も増えることだろう．

養老は『バカの壁』以外にも，『養老孟司の〈逆さメガネ〉』(PHP新書)，

『まともな人』（中公新書），『いちばん大事なこと』（集英社新書）などを刊行，いずれもベストセラーとなっている．

また，片山の『世界の中心で愛をさけぶ』は，初版が2001年4月に刊行され，最初の部数は8,000部で，2002年に1万8,000部となったが，女優柴咲コウの書評の一節を帯に使うことで一気に売れ行きを伸ばし，2003年にミリオンセラーとなったのである．

本書は恋愛小説であるが，若者にヒットした恋愛小説としては，他にもYoshi『Deep Love』シリーズ（スターツ出版）が139万部に達した．この小説は，携帯電話で配信されたものを本にしたのだが，ハードカバーで横組印刷のこの本は，携帯電話という新しいメディアを使って発表されたコンテンツが紙の本に定着したということで本というメディアの特性を考えるうえで，多くの示唆を与える．

電子書籍をめぐる動き　新しいメディアといえば，2003年には電子書籍をめぐる動きが活発になった．

『出版ニュース』が年末号で毎年発表する「出版界・読書界10大ニュース」の2003年版の第4位に電子書籍をめぐるニュースがとりあげられているが，この年，出版界では，次のような動きがあった．

「電子書籍ビジネスコンソーシアム」＝松下電器産業，東芝，勁草書房，凸版印刷，大日本印刷などが10月1日に立ち上げ，12月8日現在で78社の会員社．コンテンツはマンガ・小説を中心に5,000点を予定．コンテンツ販売はWebと書店などでSDカードにコンテンツをダウンロードできるキオスク端末を開発．松下は「ΣBook（シグマブック）」という省エネ型電子ブックを開発する．

「パブリッシングリンク」＝ソニー，講談社，新潮社，読売新聞，朝日新聞，大日本印刷，凸版印刷など15社で11月に設立し，電子ペーパーを採用した電子書籍ビュワーを開発．Webページによって会員制の「Timebook Town」を立ち上げ，コンテンツをレンタル制にした「Timebook Library」で貸し出

す．サービス開始は2004年春の予定．

『出版ニュース』は「出版界・読書界10大ニュース」で，2003年の動きを以上のように伝え，さらに同じ年末号の「2003年出版回顧」においても，電子書籍をめぐる動きを次のように伝えている．

　電子書籍への取り組みも盛んである．メーカー主導なのか，出版社主導なのかは別にして，多くのサイトが電子書籍の販売をしている．NTTドコモのM-stage bookが1年になった．電子書店パピレスも電子書籍の先駆的存在として順調のようだ．

　それにしても，出版物のデジタルコンテンツの量は，年を追うごとに増えている．『出版年鑑』2002年版には約8,000点，2003年版は9,000点掲載されている．ことしの夏から小誌にも「電子書籍Information」として毎号約3,000点を紹介してきているが量的には増加の一途をたどっている．

　よく知られているのは電子辞書の売上げが400億円をこえ，紙の辞書の総売上げを大きく引き離した．

これ以外にも，オンデマンド出版も盛んであると指摘しているが，現代の出版界は，こうした動きもみせており，メディアの転換は，出版にも波及しているのである．

§4　出版をとりまく環境

読書環境の整備　出版をめぐる動きは，出版内部の動きだけでなく，出版をとりまく環境の動きについても注目しなければならない．というのは，出版物はただ出版されただけでは完結したことにならず，出版物は読者に読まれることによって，完結するからである．

　出版物が読まれるためには，出版界内部の人間だけでなく，外部にいる人の力も必要とする．たとえば，読書環境の整備などもそのひとつだが，これに関

しては，2001年12月に「子どもの読書運動の推進に関する法律」が施行され，出版業界団体，出版社，取次，書店などによって，この法律に基く読書推進の活動がみられた．たとえば書店などにおいては，「読み聞かせ」が行われ，地方公共自治体が中心となって，0歳児検診に参加したすべての乳児と保護者に絵本をプレゼントする「ブックスタート」運動などが行われるようになった．この活動を支援するNPOの支援センターも生まれた．

また，千葉県の高校で始まった「朝の読書」運動が全国の小・中・高校に広まり，実施校が1万校を突破したが，この運動は小・中・高校生に読書の面白さを認識させる力となった．そのため，長い間，不振だった児童書のジャンルが復活し，2002年度の児童書市場は前年を20％位上まわった．そして，2002年度はファンタジーの「ハリー・ポッター・シリーズ」（静山社）の第4巻『ハリー・ポッターと炎のゴブレット（上・下）』が初版部数230万部で出発した．

この本以外にも，ファンタジーは『新版　指輪物語』（評論社）『ダレン・シャン』（小学館）などが人気をよび，03年もファンタジー人気は続き，『デルトラ・クエスト』（岩崎書店），『バーティミアス』（理論社）などが加わり，「ハリー・ポッター・シリーズ」は2003年に刊行されなくても，児童書はよい売れ行きを示した．

このように，児童書を活性化させた読書推進運動は，JPICによって，出版業界だけでなく，新聞社や住友生命，赤ちゃん本舗などにおいて，読書アドバイザーや読み聞かせサポーターが活躍するようになった（『新文化』2003年12月25日号）．

読書をめぐる問題としては，2003年に出版物の貸与権を認める動きが具体化したということもあるが，これによって書籍・雑誌もCD・ビデオ同様の貸与権が与えられ，出版物の著作者も貸与による利益の還元が可能となった．

変わるべきでない問題　出版と読書をめぐる環境はすさまじく変化しているといってよいが，その変化の中で変わりえない，あるいは変わるべきでないという問題についても指摘しておく必要がある．それは具体的なエピソードとし

て伝えておきたいので，オムニバス形式で紹介しておこう．

〈その1〉幻冬舎の設立当時，すでに出版業界は「冬の時代」に入ったといわれていた．それでも見城は8冊のミリオンセラーを生み出した．

〈文芸が衰退しているのではなく，文芸を編集する側が衰退しているのだ〉見城は，自社のホームページで同業者を挑発する．（『読売新聞』2004年1月5日「異端伝」）

〈その2〉50年前に書かれた『地中海』（ブローデル著）は，16世紀後半におけるこの地域を，経済，気象，地理，民族，宗教などあらゆる面からとらえた全体史である．仏文で1,200ページの大作．日本語訳はなかった．

樺山紘一・東京大学教授・西洋史によると，

「研究者はたいてい英語版で読んでいた．幻の日本語訳です」

大手出版社も敬遠してきたこの本に藤原書店の藤原社長が挑戦した．ルソーなどの研究家，南山大学教授の浜名優美（まさみ）教授に訳を頼んだ．5分冊にし，これまでに2冊出した．第1巻を2,000部刷って，

「1年ぐらいで売れればいい」

と，考えていたところ，予想外に好調で，7刷8,000部．第2巻も近く4刷を予定している．1巻2,000部で採算がとれるから，冒険と思われた本が利益を生んだ．

「ほんとうによい本は読者の方が知っている．売れないのは，編集者がよいものを見つけられず，自分に甘いからです」（吉井洸治「本つくりの仕掛人」『AERA』1992年12月15日号）

〈その3〉ジュンク堂書店はタブーやジンクスに挑戦して乗り越えてきたとよくいわれる．しかし実際は，シンプルなことをシンプルにやってきただけだ．ジュンク堂書店をリードしてきたのは，たえず読者なのだ．読者にとって，本屋のタブーやジンクスはまるで意味をもたない．読者が作った本屋が，ジュンク堂書店なのだ．ジュンク堂書店が曲がりなりにも今日あるのは，

従業員の姿勢と努力もそうだが，何よりも読者の力によるところが大きい．
　素人商売を見兼ねて教えてくれた業界の先輩方とともに，本屋を支えて下さった読者の存在．こんな本屋をつぶしては自分たちが困るとばかりに，わざわざ来て下さるばかりか，クチコミで宣伝して下さった多くの読者．そんな読者が作り育てた書店がジュンク堂書店だ．（ジュンク堂書店社長・工藤恭孝，『毎日新聞』1998年11月27日「書店人に聞く」）

　〈その1〉は幻冬舎社長・見城徹に関する記事，〈その2〉は第1回青い麦編集者賞を受賞した藤原書店社長・藤原良雄に関する記事，〈その3〉は学術書や専門書の品揃えが充実しているジュンク堂書店社長・工藤恭孝へのインタビューの結びだが，ここに紹介したエピソードや発言は，めまぐるしく変転する出版・読書界において，何を守らなければならないかを示唆している．出版・読書界は表層は変わっても，深層はそんなに変わらない業界であるからだ．

（植田　康夫）

参考文献
社団法人全国出版協会・出版科学研究所『出版指標年報』2003年版
韓国出版学会編『韓国出版の海外進出と出版発展』（韓国出版学会）2003年．
　なお本稿は，この報告集に収録されている植田康夫「日本出版の現状と国際交流」における現状報告に基づいて執筆した．
『出版ニュース』2003年12月下旬号

学術出版の状況

§1 学術出版とは

　学術出版（≒学術印刷）は，個人的コレクション，本の販売者からもちこまれた頻繁に使われる教科書，あるいは複写の注文としての印刷業から発展していった．たとえば，有名なベニスの印刷者，マヌティウス（Manutius, A., 1450-1515）は，ヨーロッパをまたにかけ，ギリシア古典のアリストテレスやアリストファネスの喜劇を印刷し，大学の得意客に販売する本を多く発行したことで知られる．

　学術出版とは，その内容が研究者の研究成果をまとめた学術的な著作の総称をいう．学術情報は，著者が短期大学，あるいは大学に属するか否かを問わず，他の研究者の役に立つよう書かれていること，そのテーマについて十分な知識があり，かつ，その価値を証明し，その限界を説明できる研究者仲間によって原稿が吟味されていることである．著者の研究成果がその分野に完全に一致することをはっきりと証明でき，どのように研究分野と関連するのかが明確であること，したがって学術書の価値は，著者がみずからの努力で従来知られてい

なかった新しい知見をどれだけ提示したか，その貢献度で計られることになる．しかし，読者対象が限られるので，出版部数は少ないが学術の進展に重要な役割を果たす．本論では，大学生以上の解説的な教科書も含めてこれを定義する．

学術情報の分類　学術情報を機能的に分類することは容易ではないが，以下に箕輪成男の分類を示そう（図Ⅱ-1参照）[1]．

図Ⅱ-1　学術情報の分類

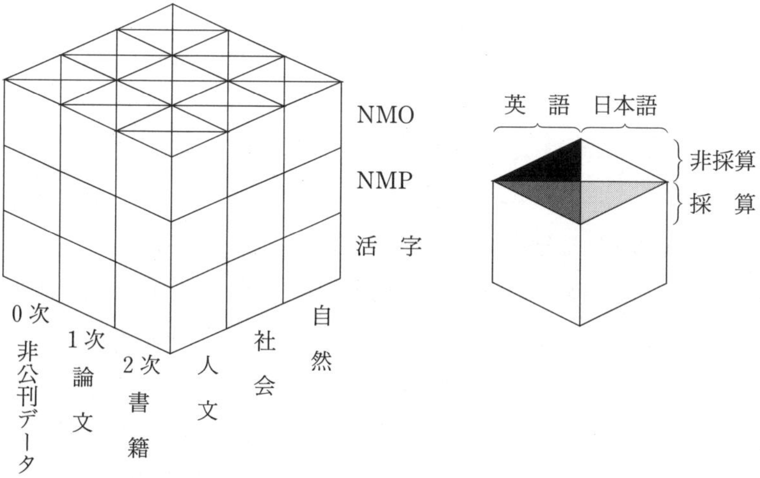

出所）箕輪成男原図

a) 機能的分類

　　0次情報＝非公刊データ（特許情報など）

　　1次情報＝オリジナルな研究成果を報告・発表する論文（雑誌の型が多い）

　　2次情報＝解説的情報（教科書・教養書）やレビュー，一定の評価の下に説明を与える文献（書籍の型が多い）

b) 学問分野的分類（人文科学・社会科学・自然科学）

c) 媒体的分類（活字メディア・ニューメディア-オンライン型・ニューメディア-パッケージ型）

d) 言語的分類（日本語・英語）

e) 採算性（採算・非採算）

これからもわかるように，一口に学術情報の伝達といっても，それらは機能，学問，媒体，採算の4つの要素からなり，実に多様な108個の組合せを考えることができるという．

日本には，学術出版についての制度化された統計資料はないが，箕輪による

表II-1　学術書のウエイト　(箕輪成男による[2),3)])

	1979年	1988年
学術書	12,962 (48.1%)	13,021 (34.8%)
学術書以外	13,973 (51.9%)	24,420 (65.2%)
総点数	26,935 (100.0%)	37,441 (100.0%)
1次文献	1,187 (4.4%)	518 (1.4%)

数少ない学術書の定量分析を行った結果がある（表II-1参照）．

それによると，学術書の新刊点数は約1万3,000点で，1980年代はほぼ横ばいであるが，構成比は約15％減である．全体として，1979年には約2分の1であった学術書が10年後の1988年には約3分の1に減り，とくに1次文献が1,187点から518点に半減している．研究者を対象とした純粋な学術書の出版がますます困難になっていることを示している，と報告されている．分析者の判断上の誤差があったとしても，大づかみの方向性がよく示されている．

学術情報の分業　1次情報としての学術雑誌と2次情報としての学術書は，今も昔も文化の根幹的メディアである．アメリカでは"publish or perish"（発表せよ，しからずんば消え去る）といわれている．では，その学術情報の伝達が，誰によって，どのような形で実行されているのか，それを大別してみれば，表II-2のようになる．

表II-2　学術情報の分業　(箕輪成男による[1)])

	発表形態		出版者	文化性と経済性		金額
1次情報	論文	学会誌	学会	非採算	威信	1%
2次情報	書籍	教科書・教養書	出版社	採算	収益	99%

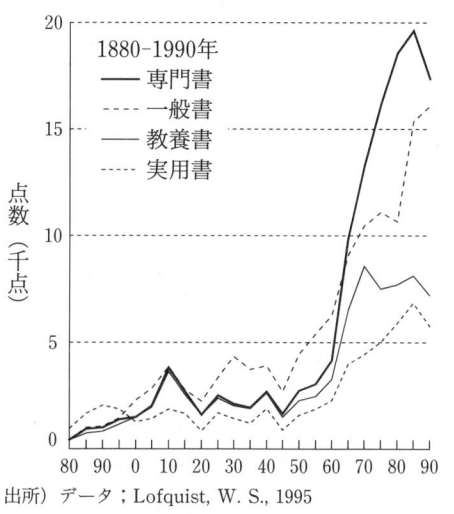

図II-2 アメリカの出版物の機能分類

出所）データ；Lofquist, W. S., 1995

学術出版が他の出版分野とはっきり違う点をあげるとすれば，その実売部数，あるいは総売上げを金額に換算できたとして，出版界のごく一部であろうと思われる．

一方，アメリカの出版統計の中の農業，経済，教育，歴史，法律，文学，医学，哲学，心理学，科学，社会学，技術部門には，学術的なものがかなりあるとみられる．それらの図書を一般書，教養書，実務書，専門書に分類したロフクイスト（Lofquist, William S.）の1880年から1990年の110年間の結果を図II-2に示す．[4] 1990年の専門図書は1万7,000点あまりで，約37％である．書籍についての出版統計はどこの国でも不備であり，ことに学術書や専門書とそれ以外の区別が難しい．このなかの何パーセントが学術書に相当するかは難しいが，戦後の情報量の大爆発の経緯が読みとれよう．

出版点数以上に，学術書にとってもっとも重要なのは，そのステータスと影響力である．学術書は，権威あるものと思われることが多く，どこにでもある一般書やフィクションよりも長期間入手可能である．なぜなら，研究者である著者はその分野で名声があり，彼らの書物こそが熟練された専門書と思われているからである．そしてこの名声が，オピニオンリーダーや，さらには政策決定の助言にも影響を与えている．出版界の実売部数や総売上額の一部分でしかなく，ときには科学技術出版ともよばれる学術出版は，GNPのごく限られた割合を占め，出版業界の営利的な部分のごく一部でしかなくても，文化機構や政治的判断に大きな影響力をもっている．たとえば，新しい技術が，情報産業の中で，どのように著作権や所有権に影響を与えるか．学術出版，とくに学術

雑誌においては重大な問題が議論されている．その議論は，きたる世代のためのすべてのコミュニケーションの分野に影響をあたえる．

　学術出版社は，大きくわけて4つに分類される．ひとつ目は，大学専門教育の中心と結びつくことの多い大学出版部，2つ目は，大手商業出版社の専門・学術出版の部署，3つ目は，広範囲の分野にたずさわる私企業としての中堅専門出版社，4つ目は，実質的には自分たちの役に立つための，他の出版社が手を出さない分野の出版をする，いわゆる"隙間出版"としての専門職集団，学術団体である．

§2　学術出版の性格

　印刷部数と定価　　学術出版と商業（大量）出版，教科書出版の大きなちがいは，1点を刊行するのに必要な投資額である．学術書は，一般書や教科書よりはずっと少ない投下資金で出版できる．教科書や大量出版に必要な高額な資金は学術書には必要ないが，しかし，その結果としての利益も少ない．社会科学書の平均では，1,500部で3,500円で売っている．しかし，似たような教科書では，8,000部を1,800円で，一般書なら，1万部を1,500円でとなる．さらに，一般書，教科書の可能性はもっと幅があり，成功すれば，5万部も売れるが，学術書ではよく売れても5,000部以上はめずらしい．実際には，学術書は，教科書や一般書よりも売れる予測がずっと正確に立てられる．一般書や教科書の総収益は，まんべんなく平均的な利益をあげる学術書などよりはむしろ，数少ない大成功した本に支えられている．

　学術出版は，"隙間出版"ともよばれる．潜在的読者層としては，同じ関心と専門的知識・技術をもつ人びとに焦点があてられる．1点当たりの売上げは，ふつう3,000部未満で，多くの学術書は1,000部未満である．1点当たりの売上率は，1970年代から相当落込んでいて，多くの出版社は，刊行点数を増やしているのである．結果的に，学術書のほとんどの編集者は，昔に比べてより多くの本と著者をあつかうようになってきている．学術出版においては，出版

するかどうかを決めるのにその本のテーマを専門にしていない専門家のアドバイスや忠告を受けることがある．また，学術出版の編集者は，著者から最終原稿がいつ届くか計画が立てにくい．優秀な著者たちは，研究に教育に，また学会活動にも忙しいからである．著者らはまた，経済的なことは考慮にいれなくてもよいからかも知れない．

　学術出版社には2つの役割があろう．ひとつは，誰かによって融資をえて，出版助成を受け，採算性は低くても良い原稿を見つけ出し出版することである．2つには，珍しいケースだが，必要とされるテーマとそれを書ける学者を見きわめることによって，重要な著作活動を支援することである．

マーケティング　新刊本や学術雑誌の販売は，役に立つとか，おもしろいと思ってくれそうな人びとすべてに伝えなければならない．学術書のほとんどは，読者がその本が重要で，自分の仕事に役立つだろうと信じるところから読まれる．つまり学術書の販売には，まず潜在的読者にその本の存在を知らせなければならない．潜在的読者は固まっているわけではなく，点在しているので，その宣伝方法が問われる．

　書評や口コミは，潜在的購読者（個人でも図書館でも）を説得して，その本が重要なので購入しなくてはならない，と思わせるのに非常に役に立つ．学者や研究者は，著者の過去の成果，執筆中のテーマにおける発見，以前に出版された関連図書などによって購入をきめる．

　ふつう学術書の販売は，取次を通して大型書店や大学生協の店頭に陳列される．また，図書館にもっていく卸業者と学術書をあつかう少数の専門店にたよっていることも多い．また一方，多くは個人や研究所が直接購入できるようにダイレクトメールを送ることが多い．最近は新刊点数もふえて，一般書やビジネス書に店頭が占領されることが多く，委託数や委託期間もかぎられ，専門書の店頭露出の機会がますますきびしくなっている．そこで，学術出版社は直接販売にたよることになる．

　まず，新刊図書販売のためのメール・リストをどこから，いくらで入手して

くるかを考える．ついで，学会をリードする知名度の高い学者に推薦文を依頼しなければならない．新刊案内書の編集・制作をデザイナーと相談し，図書内容の要約，目次，キャッチコピー，購入方法，注文書のスタイルなどを決定する．つづいて印刷費用の計算

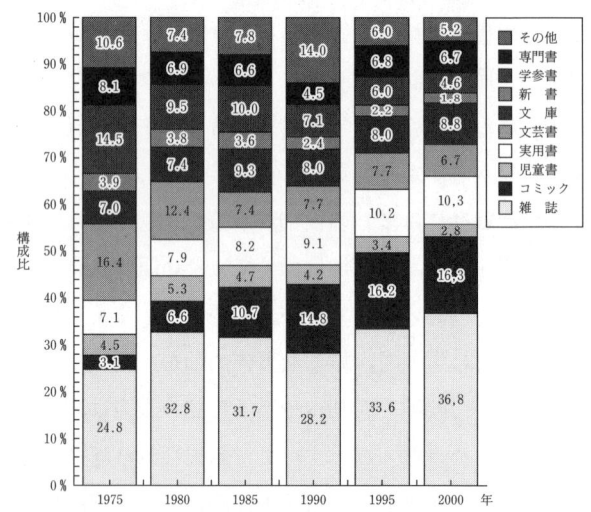

図II-3　分野別売上げ構成比の推移

出所）データ；日本出版販売経営相談センター

を行う．梱包と発送とを業者依頼する場合には，その管理も必要となる．やがて注文品には，伝票が発行され郵便や宅急便で発送され，入金をまつことになる．わずか800部から1,000部の学術書販売には，長年の経験と労力が必要となるわけである．

　学術・専門書の公表されている販売データは少ないが，最近20年間の坪別，立地条件別の約100店舗のアンケートがある．その様子を図II-3に示す．このデータから学術出版物の販売状況を述べることは無理であるが，他の分野との比較において大まかな販売傾向が読み取れよう．この期間の伸び率の高いのがコミック・雑誌・実用書分野で，よこばいの文庫・新書・児童書，文芸書・学習参考書・専門書分野の減少が読みとれる．

　採算性　　学術出版で成功をおさめるためにもっとも肝心なことのひとつは，企画した本のタイトルが何で，著者が○△大学の教授ということだけではない．重要なのは，どんな価格で何部印刷するかを決めることである．その結果，利益をあげた出版企画は，次の新刊を出版するための回転資金を生み出し，利益

をあげそこねれば，新刊書のための投下資金は奪われる．予算を立てたり，決算をしたりせず，手もとにある金にまかせて支払いをする，いわゆる丼勘定だけでは立ち行かない．「学術出版社を破産させるような本は，学術出版の領域として正当ではない」といわれるゆえんである．

　学術出版社は，教科書で飯を食い，売れない専門書で名誉を堅持している，とよくいわれる．また専門書出版の経済性について，「既刊書全体の持つ学問的な力というものは，若干の新刊がもてはやされる花火のごとき華々しさよりも，出版部の経済的繁栄のために圧倒的に重要なものである．長い時間かかってでき上がった出版部の全既刊書目録からの売上げ，すなわち刊行後少なくとも1年ないし3年を経過した本の売上げは，ふつう出版部が毎年新しい本の出版に投下する資金の，60ないし80％を供給している」といわれている．[5]

　アメリカでは大学出版部の出版活動が日本より盛んである．全米には約90の大学出版部がある．大学出版部の有無は大学の威信にかかわることなので，一流大学は金のかかる道楽であっても出版部を持つことになるが，それもメジャー・リーグとマイナー・リーグにはっきり分かれる．年間新刊75点というのがその分岐点といわれている．中には学術出版とはいいながら商業出版社と同じくらい多岐にわたって出版をしているところもあるが，それでも独立採算で利益をあげているのは2，3しかない，といわれる．

　このことは，学術専門書は儲からず，経費回収に長い時間がかかることを如実に示している．しかしよくみれば，本が一点一点ちがうように，在庫商品にも売上高の大小がみられる．

　在庫管理の分野で，ABC分析という手法がよく用いられる．在庫品目が非常に多い時，それを販売金額の大きさの順に並べて売上金額を積算し，上位からA，B，Cの3種類に分類し，能率的に重点管理を行う手法である．格差とか上位集中，バラツキといった言葉で表現される現象が世にみちあふれているが，それらを正しく認識し，分析し，効果的な対策を考えようとするとき，ABC分析が役立つ．分析結果の一例を図II-4に示す．

約20％のAランク商品で80％の売上金額を占めていることが読みとれる．Bランクが商品約10％，残りの約70％の商品がCランクである．Aランク商品には綿密な重点管理が必要である．Bランクの本はそれに次ぐ管理商品で，商品数，売上金額ともに約10％を占有，地道なロングセラーとして常備回転し，堅実な財政を支えているグループである．Cランクは

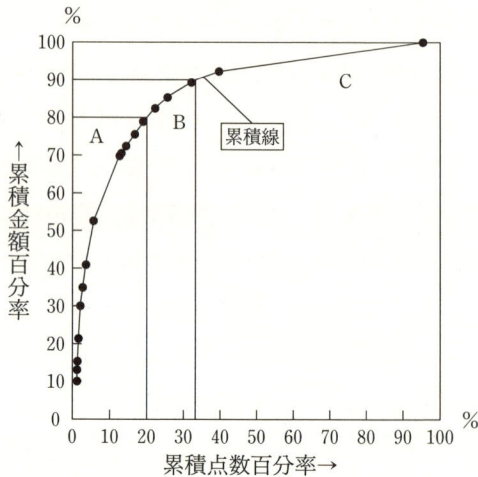

図II-4　学術書販売のパレート図[5]

出所）中陣，1992

70％の商品で，売上金額の10％，ゆるい管理でも差しつかえのないグループである．全体として，書籍の商品としてのバラツキがいかに大きいかがわかろう．学術出版の販売で，仕事のわりふりに優先ランクづけが必要であるという主張を裏付けるものである．

勘定を誰が払うのか？　アメリカの学術出版は，大学出版部に代表される．かつて，エール大学出版部長のノーマン・V・ドナルドソンは，「大学出版部はその仕事の性格からして，利益を上げることを期待できないし，援助なしにはその費用をすべてまかなうことすら期待できない，と考えられる」と述べている[6]．しかし，出版部が独立採算できるかどうか，またできるとしたらどのようにすればよいかという質問は，大学の当局者からしばしば発せられる．彼らは，出版部の仕事が企業に似ていることから，少なくとも収支バランスを破って収益をあげるべきであると当然考えるのであろう．

　アメリカの大学出版部と日本の大学出版部とでは，生まれも育ちもちがうので簡単には比較はできない．日本の大学出版部の財政収支のひとつの例を分析してみた．その結果は図II-5に示すように，収入は，本の売上げから76.4％，

図II-5　学術出版社の財政収支の例[7]

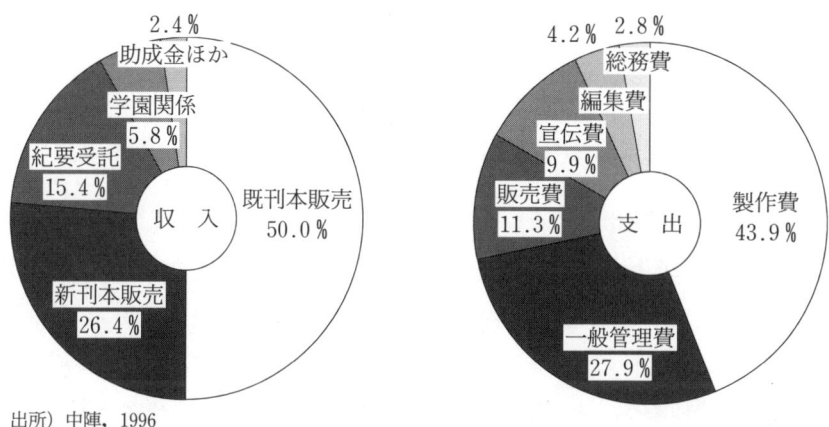

出所）中陣，1996

それ以外は大学からで，支出は印刷・用紙・製本費など，直接費に約44％，人件費に約28％，宣伝・販売費に21.2％となっている．大学出版部といってもそれぞれ規模や財政支援の違いがあると思われるが，ひとつの典型的な例であろう．

では大学出版部の勘定，つまりコストを誰が払っているのかといえば，以下に示すようになろう．

1．消費者（読者）によって——学者，学生，学界以外の人，団体，図書館など
2．著者によって——消費者，補償者，無報酬の著者など
3．大学によって——消費者，補償者，学生の保護者，スポンサーなど
4．外部団体によって——校友会，文部省（現 文部科学省），各種財団，研究機関など

コンピューターの進歩によって少部数印刷も可能になってきている現実もあるが，学術書出版の悩みは，販売部数が減少していくことである．ここ25年間に2分の1から3分の1になっている．その販売先は，図書館に対して300部以下，学者に300から500部，学者以外の素人に1,000から2,000部という

パターンである．

この数字は，日本の教育が知的な市民をつくるというゴールにはまだまだ到達していないことを意味している．

§3　技術変化による学術出版への影響

コンピューターの出現　新しい技術，とくにコンピューターとテレ・コミュニケーションとの結びつきが，すべてのビジネスに影響を与えている．学術出版もその例外ではない．学者・出版社・図書館員という3つでひとつの学術界のコミュニケーション・ネットワークのすべてが影響を受け，さらなる遠大な変化の瀬戸際にある．ほとんどすべての学者は，現在コンピューターを使って仕事をしている．ほとんどの出版社は，フロッピー・ディスクによって出版のスピードアップ化をはかり，コストをぎりぎりまでおさえようとしている．また，著者によって入力されたディスクを直接に変換して編集されるようにもなった．さらに，高分解印刷機によってディスクの内容を再生良質紙に出力する．つまり，デスクトップ・パブリッシング（DTP）が印刷技術の中核となり，電子画像処理システムの専門技術が脇役に回り，執筆→編集→デザイン→印刷という分業によって，上工程から下工程の連結，再編という新しい「融業化の時代」をむかえている．電子ブックの製品が電子図書館にもあらわれるようになった．

技術の変化は，学術コミュニケーション・ネットワークに新しい影響を与えている．学者はいまや印刷変換される前に，ワードプロセッサーで校閲やリライトをしたいだけ机の上でできる．出版社によっては，カメラどりすればそのまま印刷に出せるような原稿づくりを，著者にすすめる場合もある．

このような基本的な変化は，印刷や製本部数にもあらわれてきている．学術出版社は50部という少部数，場合によっては，もっと少なくても安く印刷し，製本もできることが可能になってきた．理論的に，これは，本はけっして品切れにならないということを示していることにもなろう．いつでも少部数出版で

きるからである．少ない部数でどう生きていけるかを悩みつづける学術専門書出版社にとって，技術の発展は皮肉な結果でもある．

<u>ニューメディアと"変化"</u>　本は長い間，知識交換の手段であったが，いまやオーディオ・ビデオブック，CD-ROM本，電子ブックなどが情報入手の手段にとって代わっている．オーディオ・ビデオブックは，学者よりはむしろ一般の読者にとっても大切になっている．CD-ROM本は，主に保管のメディアであり学術雑誌や参考図書にもっとも役に立つ．電子ブックは，音声・アニメーション，洗練された新しい方法で教材開発が進められ，学術書にはない能力を与えている．学術分野の市場が，それらの新しいメディア製品市場に大きく関わるか，あるいは学術書の読者がこのような新しいメディアに投資するかどうかはわからない．しかし，若い読者は，コンピューターゲームに慣れているし，教室でのコンピューターによる指導にもついていける，新しい技術を一番必要としている人びとである．

幅広い学術出版をめざすならば，学術出版が提供できるさまざまなメディアについて読者以上の教養がなくてはならないだろう．"変化"という言葉には，「危険」と「好機」という2つの意味が同居している．学術出版の抱えている問題は，職業やビジネスとしての学術出版だけでなく，教育と学識の世界，さらには文化と文明にとっても非常に重要である．学術出版は，変化のときにきている．これは有望ではあるが，危険でもある．21世紀の学術出版業は，たまたま偶然にありついた「職業」から，訓練されたスペシャリストの「職業」に変わらねばならない．つまり，学術出版者は"儲けるために学"ばなければならない．

<u>大学出版部と学術出版</u>　大学出版部を"University press"と呼ぶのは，1586年にイギリスのオックスフォード大学にはじめて印刷所（press）が設けられ，教科書，聖書など書籍の印刷をしたことに由来する．オックスフォード，ケンブリッジの大学出版部は商業出版社より古い伝統をもつ．世界各国の大学出版部は，それぞれの歴史がある．アメリカ大学出版部協会は1937年に設立，

海外会員も含め約100大学出版部からなり，年間8,000点の新刊を出している．しかし1990年代に大学出版部の経営環境が不安定になり，その原因に，①図書館，研究機関の図書購入予算の引き締め，②商業出版社との著者，原稿をめぐる厳しい競争，③コンピューターテクノロジーの発展，④オンデマンド出版やオンライン書店などオンライン化した出版，配送システムの過剰な導入をあげている[8]．

日本の大学出版部協会は，2003年に創立40年を迎えた．26大学出版部が参加し，年間800点足らずの学術・専門書を刊行している．大学は知的生産の拠点であり，大学出版部はその知的生産物の公刊の担い手である．しかし変化と危機に対峙した「転回期」を迎えている[9]．

§4 文化の母なるもの

変容する科学研究　チャールズ・ダーウィンは1859年に，自分の進化についての学説を『種の起原』という本で世に問うた．初版の発行部数は，1,250部であったが，幾度かの改訂をへて，1876年までに1万6,000部が発行され，一般の読者もふくめて本書は読まれたという．

アルバート・アインシュタインにとって1905年は，奇跡の年といわれた．相対性理論（特殊）をはじめ，画期的な論文を5編も発表したからである．いずれも学術雑誌への投稿で，読者はすべて専門の学者であったろう．

このダーウィンからアインシュタインまでの50年間に起こった変化は，注目に値する．19年世紀後半に，科学者は自分の仕事の内容を書いて訴える相手を，一般読者から専門仲間へと変えたからである．20世紀はまさに，書籍による解説情報も増えたが，学問仲間だけへの学術雑誌情報の爆発も出現した．ところが20世紀も末になって，社会は研究者にいろいろな要求を突きつけてよいことがはっきりしてきた．科学者はふたたび一般の読者に，自分の研究成果を直接訴える義務が生じてきたのである．

学術書の機能と役割　いつの世でもそうであるが，刻々と変化していくもの

が常に新しく価値や意義があると考えられがちで，現代では「情報」がそれにあたるだろう．しかし，こうしたものをいくら知り得たところで，それだけでは個人の内実は密度を高めないし，人類の文化史が将来にもたらすものもきわめて貧弱なものになってしまう．

　新しい技術開発による学術出版の大きな転換期にある．そこには大きな期待があると同時に多くの未知数もある．われわれはいま，グーテンベルグ直後の印刷ラッシュと同じ経験を再現しているのではないかと思われる．新しい技術が技術的にではなく社会的に定着するためには，50年100年が必要であるともいえるだろう．[10]

　どんなに華やかにみえても，人間に沈思を許さないもの，反芻思考を容れないもの，時空を超えた抽象と具象の変換機能を持たないもの，知的獲得の喜びの瞬間をもたらさないもの，懐疑や批判・自問が人格の陶冶に結びつかないもの，打ち砕くほどに身も世もなく人間を泣かしめないもの，蓄積された遺産としては認知されないものなど——こうしたメディアは，本来の意味での文化にはなり得ないだろう．少なくとも人生の途上に往生したとき，母を思うような気持ちでふり返るといった性格の文化にはなり得ないだろう．それが唯一許されるのは書籍文化・活字文化である．21世紀の学生に与えられる学術書の必要性である．これで大団円ではなく，実はこれからが再スタートの出発点なのである．[11]

　　　　　　　　　　　　　　　　　　　　　　　　　（中陣　隆夫）

注
1）箕輪成男「21世紀の学術出版」『日本出版学会会報』1996年　No.88，p.11
2）箕輪成男「日本における学術書籍の生産」『情報としての出版』弓立社　1982年　pp.120-148
3）箕輪成男「1980年代の出版」『東京書籍の歩み——1980年代社史』東京書籍KK　1990年　pp.41-52
4）Lofquist, William S., "A Statistical Perspective on U. S. Book Publishing,"

In International Book Publishing-An Encyclopedia, Garland Publishing, Inc., New York, 1995, pp. 341-353.
5）中陣隆夫「学術出版の経済性――最大利益の印刷部数と定価の決定法」『出版研究』日本出版学会　1992 年　No. 22，pp. 27-62
6）Chester Kerr, *The American University as a Publisher : A Digest of a Report on American University Presses,* Okurahoma University Press, 1949.
7）中陣隆夫「東海大学出版会：学術出版の勘定を誰が払うのか」『IDE―現代の高等教育』民主教育協会　1996 年　No. 377，pp. 74-80
8）山本俊明「アメリカ大学出版部の現況」『大学出版』大学出版部協会　2001 年　No. 50，pp. 6-9
9）渡辺勲「日本における大学出版部の今日的状況」『大学出版』大学出版部協会　2001 年　No. 50，pp. 2-5
10）箕輪成男「学術出版システムの根底にあるもの」『情報の科学と技術』　2003 年　53 巻 9 号，pp. 417-422
11）中陣隆夫「学術出版の将来―21 世紀の印刷媒体は，電子出版と少子化の時代に生き残れるか？」（英文）『出版研究』日本出版学会　1999 年　No. 30，pp. 175-190

参考文献
J・エプスタイン著，堀江洪訳『出版，わが天職』新曜社　2001 年
A・シフレン著，勝貴子訳，宮田昇解説『理想なき出版』柏書房　2002 年
筒井清忠『日本型「教養」の運命―歴史社会学的考察』岩波書店　1995 年
外山滋比古『思考の整理学』ちくま文庫　1986 年
外山滋比古『近代読者論』みすず書房　1994 年
M・トロウ著，喜多村和之編訳『高度情報社会の大学』玉川大学出版部　2000 年
長谷川一『出版と知のメディア論』みすず書房　2003 年
H・S・ベイリー Jr. 著・箕輪成男訳『出版経営入門』出版同人　1976 年
箕輪成男『消費としての出版』弓立社　1983 年
箕輪成男『歴史としての出版』弓立社　1983 年
箕輪成男『出版学序説』日本エディタースクール出版部　1997 年

III コミック出版の実態

§1 コミックの拡大と変容

大いなる誤解　「日本へ来た外国人がビックリするのは，電車の中でビジネスマンがおもむろにカバンからマンガを取り出し，読みふけるという光景だ」

　日本では大人になってもマンガを読んでいる人が多い，という文化的後進性を示す例として引き合いに出されるたとえである．

　確かに電車の中でマンガを読んでいる大人を見かけはする．しかし，それを嘆かわしいという文脈で語るのは，本当は間違いである．

　マンガがもっぱら子ども向けのものだった時代は，日本ではとうの昔に終わっている．大人を対象とした，いわゆる青年コミック誌は，1980年代以降，急速な成長を遂げ，1989年には少年コミック誌を発行部数で上回った．つまり，日本で発行されているコミック誌の半分以上は，大人向けのものなのである．

　大人向けマンガの増加は，マンガの作法そのものにもさまざまな変化をもたらしている．大人向けの作品には，それなりのリアリティが要求されるため，

取材が必要となることが多い．海外を舞台とした作品の場合は，描き手や編集者がわざわざ海外取材におもむくこともある．また原作と作画を別な人が担うというスタイルも一般化した．

テーマももちろん多様化している．2002年から2003年にかけて大ヒットし，テレビドラマ化された『モーニング』連載の「ブラックジャックによろしく」は，医療問題をテーマにしたマンガだった．政治や差別など，今日，小説などで扱われるテーマはほとんどマンガの題材にもなっているといってよい．

外国へ輸出するものはあまりない，といわれる日本の文化の中で，どんどん海外進出が進んでいるのもマンガやアニメである．「ドラえもん」や「ドラゴンボール」「ポケットモンスター」は，日本だけでなく海外でもブームになった．『少年ジャンプ』など日本で人気のコミック誌は，海外版が多くの国で発行されているのが現実である．

ともあれ，マンガはこの20年余り，大きな拡大と変容を遂げた．それによってマンガという概念そのものが変わったのだが，世間一般の認知度はその現実に追いついていない．冒頭に掲げた例を含め，マンガに対する誤解がいまだに多いのはそのためだろう．

新聞紙面に文芸批評や映画批評の欄はあるのにマンガ批評の欄は，かつて存在しなかった．マンガがまだ文化として認知されていなかったからである．しかし，現在はマンガ批評の欄を設ける新聞・雑誌が多い．量的拡大をなしとげたマンガは，いまようやく，文化としての認知を受け始めたといえよう．

全出版物の約4割　出版についての統計的なデータを公表している全協・出版科学研究所の分類では，コミック（マンガ）のうち雑誌スタイルのものをコミック誌，単行本をコミックスと表示する．ここでも以下，それにしたがって表記することにする．

コミックが出版物全体の中でどのくらいのウエイトを占めているのか．まずはそこから話を始めよう．

図III-1は，書籍・雑誌をあわせた出版物全体に占めるコミックのシェアを

図III-1　出版物全体（書籍・雑誌）に占めるコミックのシェア（2002年）

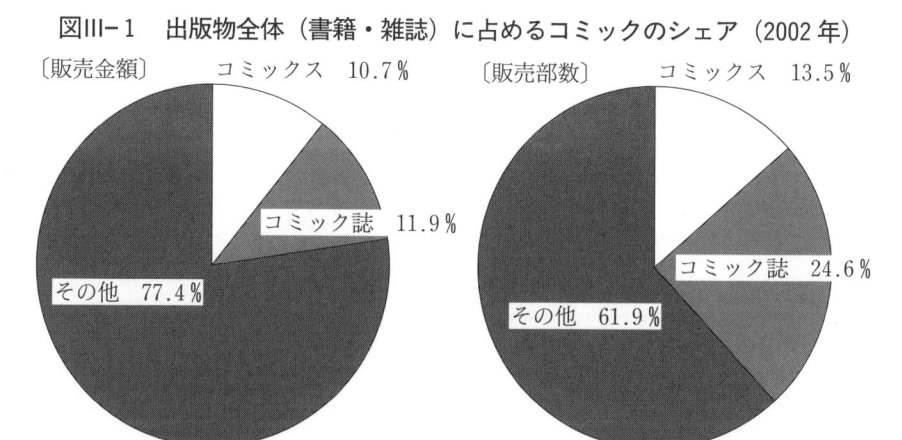

〔販売金額〕　コミックス　10.7％
コミック誌　11.9％
その他　77.4％

〔販売部数〕　コミックス　13.5％
コミック誌　24.6％
その他　61.9％

出所）全協・出版科学研究所『出版指標　年報2003年版』

示したものだ．2002年においては販売金額で22.6％，販売部数で38.1％．コミックは定価が安いために金額をとるか部数をとるかでこれだけの違いが出るのだが，ともあれ部数でいうと全出版物の4割弱をコミックが占めてしまうというわけである．

コミック市場は1980年代以降，出版界で急成長を遂げ，マンガは大手出版社を支えるドル箱といわれてきた．しかし1990年頃をピークに，青年コミック誌も少年コミック誌も部数を減らしている．出版物に関する限り，マンガ市場が成長した時代は終わり，ゆるやかな下降曲面に入ったといってよい．それに伴って幾つかの傾向も指摘されているのだが，これについては後述しよう．

青年コミック誌の拡大　1980年代以降のコミックの急成長を支えたのがどのジャンルであるかを示したのが図III-2である．青年誌（レディスコミック誌を含む）を実線，少年・少女誌を破線で，発行部数の推移を示したのだが，青年誌が約10年間で倍以上に伸びているのが分かる．

青年コミック誌市場拡大のきっかけをつくったのは，1968年の『ビッグコミック』（小学館）の創刊といわれる．

当時はコミック誌といえば『少年マガジン』（講談社），『少年サンデー』（小学

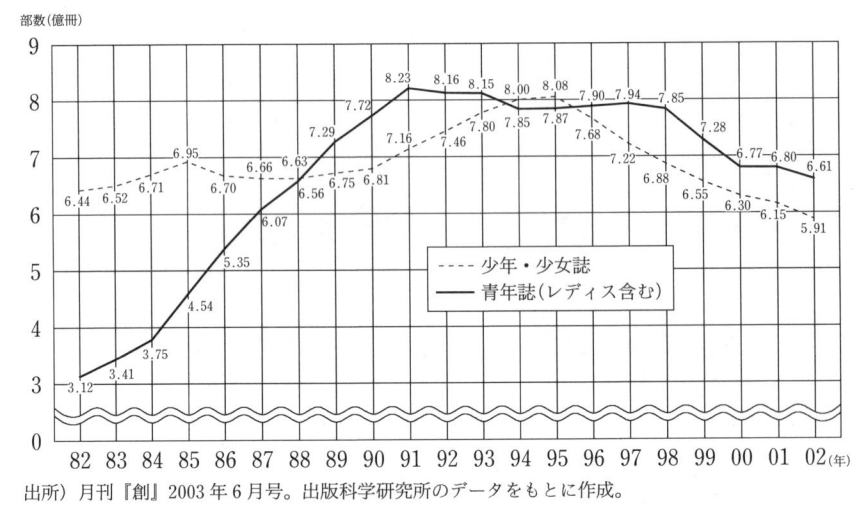

図III-2　コミック誌の推定発行部数推移（1982年〜2002年）

部数（億冊）

少年・少女誌のデータ: 6.44, 6.52, 6.71, 6.95, 6.70, 6.66, 6.63, 6.56, 6.75, 6.81, 7.46, 7.80, 7.85, 7.87, 7.68, 7.22, 6.88, 6.55, 6.30, 6.15, 5.91

青年誌（レディス含む）のデータ: 3.12, 3.41, 3.75, 4.54, 5.35, 6.07, 7.29, 7.72, 8.23, 8.16, 8.15, 8.00, 8.08, 7.90, 7.94, 7.85, 7.28, 6.77, 6.80, 6.61

凡例: ----- 少年・少女誌　―― 青年誌（レディス含む）

82 83 84 85 86 87 88 89 90 91 92 93 94 95 96 97 98 99 00 01 02（年）

出所）月刊『創』2003年6月号．出版科学研究所のデータをもとに作成．

館）の週刊少年2誌の時代．とくに『少年マガジン』は折からの劇画ブームの中で，「巨人の星」「あしたのジョー」などの大ヒットを連発．まさに黄金時代であった．

　両週刊誌が創刊されたのは1959年．それまで月刊誌が中心だったコミック誌の世界がそれ以降，週刊誌中心に動きだすのだが，それを読んで育ったのが，いわゆる団塊の世代であった．

　彼らは1960年代末にはちょうど大学生で，いわゆる全共闘運動を担うことになったのだが，バリケードの中で『朝日ジャーナル』といった硬派雑誌とともに『少年マガジン』が愛読されていた，として話題になった．

　当時の『少年マガジン』は少年誌といっても，読者対象が大学生を含むというふうにやや高齢化していた．その劇画世代がおとなになっていくのに伴って大人向けのコミック誌が成り立つのではないか，という思惑で創刊されたのが『ビッグコミック』であった．その前年に創刊された『漫画アクション』（双葉社）など大人向けコミック誌は他にも存在したが，『ビッグコミック』は大手出版社がその分野に本格的に取り組む先駆けとなった．

『ビッグコミック』は、当初は苦戦したものの、その後『ビッグコミックオリジナル』『ビッグコミックスペリオール』など姉妹誌を伴って、今日では青年コミック誌の中核的存在となっている。「ゴルゴ13」など人気マンガは、団塊の世代の成長とともに、いまだに読み継がれている。

大手3社のヤング誌戦争　その『ビッグコミック』の成功を受けて、講談社、集英社が青年コミック誌市場に参入するのが、1980年前後のいわゆるヤング誌戦争であった。

1970年代後半から講談社も集英社も、少年誌の上の世代を対象にしたコミック誌の開発研究を本格化させるのだが、まず1979年5月に集英社が『ヤングジャンプ』を創刊。続いて講談社が1980年6月に『ヤングマガジン』を創刊。さらに小学館は、読者年齢が上がりつつあった『ビッグコミック』の下の世代を狙った『ビッグコミックスピリッツ』を1980年10月に創刊。大手3社が三つ巴となったこの戦い、18～22歳の読者を対象としたもので、ヤング誌戦争とよばれた。

その後、青年コミック誌は上の年齢へと次つぎとラインを広げ、1980年代以降コミック市場を大きく拡大させる原動力となる。「美味しんぼ」「課長島耕作」「沈黙の艦隊」「ナニワ金融道」など、社会的反響を呼んだ作品も登場した。

その後、前出のグラフをみてもわかるとおり、青年コミック誌は1991年をピークに減少に転じている。さらに上の年齢層を狙ったシルバーコミックなどとよばれる市場が開発できるのではないか、といわれた時期もあったが、今のところはそうなっていない。一方で、青年誌だけでなく少年・少女誌の市場も1995年をピークに減少に転じている。拡大を続けたコミック市場は、一定の壁につきあたったと考えてよいだろう。

§2　コミック誌とコミックス

コミック誌のラインと少年誌市場　少年・少女誌から青年誌へと、読者の成長とともに、それにみあう雑誌を創刊させてきた大手出版社の場合、いまや幼

表Ⅲ-1　大手3社の主要コミック誌のライン

	講談社	小学館	集英社
幼年誌	コミックボンボン 月刊　⑪81.10	コロコロコミック 月刊　⑪77.4	
少年誌	週刊少年マガジン 週刊　⑪59.3 月刊少年マガジン 月刊　⑪75.5	週刊少年サンデー 週刊　⑪59.3 増刊少年サンデー超（スーパー） 月刊　⑪95.1	週刊少年ジャンプ 週刊　⑪68.7 月刊少年ジャンプ 月刊　⑪69.12
青年誌　ヤング誌	ヤングマガジン 週刊　⑪80.6 ヤングマガジンUppers 月2回　⑪98.4	ヤングサンデー 週刊　⑪87.3 ビッグコミックスピリッツ 週刊　⑪80.10	ヤングジャンプ 週刊　⑪79.5 スーパージャンプ 月2回　⑪88.10
青年誌　成年誌	モーニング 週刊　⑪82.8 アフタヌーン 月刊　⑪87.5 イブニング 月2回　⑪2001.8	ビッグコミックスペリオール 月2回　⑪87.7 ビックコミックオリジナル 月2回　⑪74.2 ビッグコミック 月2回　⑪68.2	ビジネスジャンプ 月2回　⑪85.5
少女誌	なかよし 月刊　⑪54.12 デザート 月刊　⑪97.7	ちゃお 月刊　⑪77.9 少女コミック 月刊　⑪68.4	りぼん 月刊　⑪55.8 別冊マーガレット 月刊　⑪65.9
レディス誌	BE・LOVE 月2回　⑪80.10 Kiss 月2回　⑪92.3	Judy 月刊　⑪83.3 COMIC MIRA 月刊　⑪2002.5	YOU 月2回　⑪80.12 コーラス 月刊　⑪94.5

注）「月刊」等は刊行サイクル。⑪は創刊年月
出所）月刊『創』2003年6月号

年誌からヤング誌，成年誌へと読者年齢に応じた雑誌のラインづくりを完備させた．表Ⅲ-1は，大手3社の男性コミック誌のラインを示したものである．

集英社に幼年誌がなく，青年誌も含めてラインの整備が遅れている印象を受けるが，これは，この出版社が『少年ジャンプ』という怪物雑誌を抱えてきたからである．

1968年に少年誌としては後発雑誌として誕生した『少年ジャンプ』は，友情・努力・勝利をスローガンに，独自の新人発掘を行い，1970年代以降，「マジンガーZ」「Dr.スランプ」「キン肉マン」「ドラゴンボール」など大ヒット

を連発して急成長を遂げた．1980年代初期に300万部を突破して後，当時のいわゆる"ラブコメ"ブームの波に乗れず，一時的に部数を落としたことはあったものの，その後急速に回復．1985年頃には400万部を突破，1990年代に入って600万部という驚異的な部数を誇るようになった．

　600万部というのは，雑誌の範疇を越えた，新聞でいえば全国紙の部数である．このくらいの巨大な部数になると，少年誌とはいっても，上は20代まで含んだ，かなり裾野の広い読者を抱えることになる．『少年ジャンプ』は1誌で幼年誌の読者からヤング誌の読者まで抱え込んだまさに怪物雑誌として，他の少年誌を寄せ付けない独走体制を長らく続けてきたのだった．

　発行部数が600万部にもなると，わずか5％返本があっても30万部．ゆうに雑誌1冊分になってしまう．発行元では返本率を抑え，絶えず品切れ状態にしておくという方針をとった．発売当日にほとんど売り切れてしまうというのも当時の『少年ジャンプ』神話のひとつで，実際，実売率は97〜98％といわれてきた．

　しかし，少子化による児童数の減少や，テレビゲームなど他のメディアの進出により，少年誌市場がいずれ天井に突き当たるとは，以前からいわれてきたことだった．それが現実となったのは1995年．『少年ジャンプ』が「幽遊白書」「ドラゴンボール」など人気連載の終了をきっかけに一気に部数を落とし，600万部を割ってしまった．

　一方，トップに大きく水をあけられていた『少年マガジン』は当時好調で，1995年8月に400万部を突破．1997年には遂に『少年ジャンプ』を抜いて首位に躍り出た．しかしその後，『少年マガジン』も部数を減らし，2002年再び2位に．その後は300万部台で両誌がほぼ拮抗しながら，少しずつ部数を減らしている状態が続いている．

コミックスの隆盛　発行部数が100万部を越えるものがいくつも存在することでもわかるとおり，コミック誌は活字雑誌のおよびもつかない世界だが，さらにすごいのがコミックスである．

表III-2 大手3社の売れ行き良好コミックス

	講談社	小学館	集英社
1	バガボンド⑯ 180万部 03.2刊 モーニング T	名探偵コナン㊵ 140万部 03.2刊 少年サンデー T/M/V	ONE PIECE㉗ 263万部 03.4刊 週刊少年ジャンプ T/M/V
2	ブラックジャックによろしく⑤ 125万部 03.4刊 モーニング T	犬夜叉㉙ 90万部 03.3刊 少年サンデー T/V	HUNTER×HUNTER⑯ 153万部 03.2刊 週刊少年ジャンプ T/V
3	頭文字D㉖ 98万部 03.3刊 ヤングマガジン T/M/V	20世紀少年⑫ 70万部 03.3刊 ビッグコミックスピリッツ	花より男子㉞ 117万部 03.3刊 マーガレット T/M/V
4	はじめの一歩㉔ 59万部 03.3刊 週刊少年マガジン T/V	美味(おい)しんぼ㉘ 70万部 02.12刊 ビッグコミックスピリッツ T/V	テニスの王子様⑱ 111万部 03.4刊 週刊少年ジャンプ T/V
5	ピーチガール⑮ 54万部 03.1刊 別冊フレンド	天(そら)は赤い河のほとり㉘ 60万部 02.7刊 少女コミック	NARUTO―ナルト―⑯ 108万部 03.3刊 週刊少年ジャンプ T/V
6	ジパング⑩ 46万部 03.3刊 モーニング	ARMS㉒ 50万部 02.6刊 少年サンデー T/V	NANA―ナナ―⑦ 100万部 02.10刊 クッキー
7	RAVE⑳ 45万部 03.2刊 週刊少年マガジン T/V	烈火の炎㉝ 50万部 02.4刊 少年サンデー T/V	ヒカルの碁㉑ 88万部 03.4刊 週刊少年ジャンプ T/V
8	DEAR BOYS ACT II⑬ 42万部 02.11刊 月刊少年マガジン T	KATSU!⑥ 45万部 03.1刊 少年サンデー	REAL② 80万部 02.9刊 ヤングジャンプ
9	ああっ女神さま㉕ 38万部 02.11刊 アフタヌーン T/M/V	D―LIVE① 35万部 03.3刊 少年サンデー	有閑倶楽部⑲ 65万部 02.11刊 コーラス V
10	Get Backers～奪還屋～⑲ 37万部 03.1刊 週刊少年マガジン T/V	天使な小生意気⑰ 30万部 03.2刊 少年サンデー T/V	シャーマンキング㉔ 60万部 03.4刊 週刊少年ジャンプ T/V

注) 2002年5月～2003年4月に刊行されたものから選んだ。書名の横の数字は初版部数。下は発行月と初出誌。TはTV放映,Mは映画化,Vはビデオ化された作品
出所) 月刊『創』2003年6月号

　表III-2は,2002年から2003年にかけての大手3社のコミックス売れ行きベスト10を並べたものだが,超人気作品「ONE PIECE」は初版が260万部を越える。過去の記録では,『ドラゴンボール』が210万部,『ちびまる子ちゃん』が238万部,『スラムダンク』が250万部といわれるが,初版部数の記録はいまだに塗り変えられているわけだ。

　コミックスはコミック誌での連載を12～13回分ずつ単行本にしたものだが,コミック誌で人気があった作品はコミックスにしても売れる。したがって巻を重ねるごとにある程度部数が読めるようになる。マンガ以外の単行本では,結果的に100万部を越えるいわゆるミリオンセラーの場合も,初版は数千部から数万部だが,コミックスは初版からいきなり100万部を越えることも珍しくな

い．それだけ利益率が高いから，コミックスでヒットを出せば，出版社にとってはドル箱となるのである．

　出版界で年間ベストセラーといった表を作る場合は，コミックスを除くのが普通である．一緒にしてしまうとベストセラーの上位はほとんどコミックスで占められてしまう．コミックスと一般の単行本とは，部数が1ケタ異なる世界なのである．

寡占化と新規参入　これまでコミック誌やコミックスについて説明する際，主に講談社，小学館，集英社の3社を取り上げてきた．実は，この3社による寡占化がいちじるしいのがコミック市場の特徴である．コミック誌で100万部を超えるもの，コミックスで初版100万部を超えるものは，ほとんどがこの3社で占められている．コミック市場における3社のシェアは60〜70％，これに白泉社，秋田書店を加えると70〜80％に達するといわれる．

　薄利多売の商品で，しかも人気作家はほとんど大手が押さえてしまっているという事情などから，コミック誌市場に新規の出版社が参入するのはむずかしい．ヒットが出ると大きな利益が見込めるため，マガジンハウス，文藝春秋など，多くの出版社がこれまでコミック誌に挑戦したが，ほとんどが失敗だった．

　2001年5月に新潮社が創刊した『コミックバンチ』は数少ない新規参入の成功例だが，この場合も，編集を請け負っている編集プロダクション「コアミックス」は，堀江信彦・元『少年ジャンプ』編集長が作った会社．同誌での経験があってはじめて新規参入が可能になったといえる．

　一方，コミック誌に比べるとリスクの少ないコミックスの場合は，多くの出版社が参入している．ただ雑誌と連動させての大規模な展開ができないために，大手3社のようにヒットを連発するのはむずかしいといえる．

リメイクもののブーム　コミック誌の落ち込みに比べると，何とか市場規模では現状維持を続けているコミックスだが，内実をみると，さまざまな変化が現われている．そのひとつは，リメイクものといわれるものが増えたことだ．

　1990年代半ばに起きたマンガ文庫のブームもその流れだろうが，過去の作

品を版型を変え，新たな商品として売り出すという手法は，1999年以降，コンビニエンスストアを舞台に大規模に展開されている．同年，小学館が『美味しんぼ』などの作品をテーマ別に再編集し，「マイファースト・ビッグ」というシリーズ名で300円という廉価で販売したところ，予想外の人気を博した．

小学館はそれに気をよくして，「マイファースト・ワイド」などいくつかのシリーズを立ち上げるのだが，これを見た他社が同様の手法で次つぎとこの市場に参入した．2000年には250点だった新刊点数が，2001年に650点，2002年に1,096点と急激に拡大した．

缶ビールやつまみと一緒に廉価のコミックスを買うという購買の仕方だから，それにあったテーマの作品に限られるのだが，こうしたシリーズもの，書店とは異なる読者層を開拓したといわれる．

そうしたリメイクものの新たなスタイルとして話題になったのが2002年から翌年にかけて講談社が刊行した『ジョー＆飛雄馬』だった．「あしたのジョー」と「巨人の星」という過去の2大名作を収録し，月2回刊のコミック誌として刊行したのだが，予想以上の売れ行きとなった．講談社は他の名作についてもその後同様のスタイルで刊行している．

過去の作品がこんなふうに新たなスタイルでよみがえるというのは，コミックのソフトの蓄積がそれだけ豊富になっている証しであると同時に，新たなヒット作品が少なくなった現状の反映でもあった．

§3　コミックのメディアミックス

テレビアニメとの連動　コミックの人気を語る場合，欠かせないのがテレビアニメの影響である．人気作品は大部分がアニメ化されており，テレビ放映と相乗効果を及ぼしあいながら大ヒットにいたるケースが多い．

アニメの効果が顕著に現われたのは，たとえば「クレヨンしんちゃん」のケースである．この作品は，もともと双葉社の『漫画アクション』という青年コミック誌で1990年秋から連載が始まった．テレビ朝日でアニメが放映された

のは1992年4月からだが,実はこの前に一度,コミックスが刊行されていた.ところが,これが出版社の期待に反してあまり売れなかったのである.

　ブームに火がついたのは,アニメが放映されてからしばらくたった1993年後半.その後はあっという間に大ヒットとなり,コミックスもミリオンセラーとなった.

　この作品の場合,アニメ化によって,母体の青年コミック誌とは違う子どもたちのファンがついたのがヒットの原因だった.コミック誌は大人向けだったが,アニメとコミックスの大ヒットを支えたのは子どもたちであった.したがって大ブームになった後も,連載を載せている『漫画アクション』の部数はあまり増えなかった.コミック誌の読者と,アニメおよびコミックスの読者が違っていたわけだ.

　同じ1992年に大ヒットとなった「美少女戦士セーラームーン」の場合は,これとは対照的であった.講談社の『なかよし』で1991年暮れから連載が始まった当初から,アニメとの連動が意識されたのである.テレビ朝日でアニメ放映が始まったのは1992年3月.雑誌の連載とアニメはストーリーのうえでも連動し,コミックスのヒットとともに『なかよし』も部数が100万部から200万部に倍増するという結果になった.メディアミックスを最初から意図して成功したケースだった.

　メディアミックスの進展　テレビアニメも人気作品になると20％という高い視聴率を稼ぐ.しかもそれにとどまらず,ビデオ化や映画化,さらにキャラクター商品の販売など,2次3次の商品展開が可能になる.「美少女戦士セーラームーン」など,クリスマスにあわせて商品化させるグッズをアニメに登場させるなど徹底したメディアミックスの戦略的展開を図ったといわれる.

　同じ講談社で1992年10月から『少年マガジン』で連載が始まった「金田一少年の事件簿」の場合,日本テレビでそれがドラマ化されて20％を超える視聴率を記録.1994年9月からは同作品を小説化した「マガジンノベルス」というシリーズを刊行.1巻当たり60万部を超えるベストセラーとなった.

雑誌連載，コミックス，テレビドラマ，小説というメディアミックスで，いずれもが大ヒットとなったのである．コミックは原作と作画が別の作家，さらに小説も別な作家が書き，第2巻からはコミックと離れたオリジナルストーリーを展開．出版社側では5人の編集者がチームを作り，コミック，小説それぞれの執筆者とアイデアを持ち寄ってプロジェクトを進めていくという方法をとった．

ゲームとコミックの連動　ゲームとマンガのメディアミックスといえばもっとも有名なのがポケットモンスターだろう．もともと任天堂が「ゲームボーイ」用ソフトとして1996年2月に発売したものだが，その発売とほぼ同時に小学館が『別冊コロコロコミック』にマンガを掲載した．それが好評だったため，まもなく月刊『コロコロコミック』へと連載は移行し，約50万部だった同誌が200万部に急成長した．

その後，小学館は学年別学習誌など多くの雑誌にポケモンを登場させ，1998年にテレビ東京で始まったアニメや，メディアファクトリーから発売されたポケモンカードとともに大きなブームを作り上げた．

キャラクターカードを交換するという手法は，その後も「遊戯王」（『少年ジャンプ』連載．カードはコナミから発売）などのブームを生んだ．

ポケモンは，さらに海を越えて北米にも進出．アニメやカードがそこでも大きなブームとなった．

キャラクタービジネスの伸長　マンガやアニメのキャラクタービジネスを手がける専門部署を社内に設置しているのは小学館だ．1998年にスタートしたキャラクター事業センターがそれで，それ以前はコミックの担当編集者がマンガ家と相談しながら進めていた版権管理の仕事を一括して行うことになった．「ドラえもん」「ポケモン」「とっとこハム太郎」「犬夜叉」「名探偵コナン」など，同社のキャラクターでアニメ化や映画化，さらに海外進出がなされているものは数多い．そうしたキャラクタービジネスの展開だけでなく，映画化にあわせてコミックスも既刊本をセット販売し，大キャンペーンを展開するなど，

メディアミックスを販売戦略として活用する．たとえば「名探偵コナン」の場合，2003年を「コナン・スーパー・イヤー」と命名し，コミックスだけでなくイラスト集や活字の本も刊行するなど多重展開を行った．

テレビ化や映画化にあわせて販売宣伝費を投入し，メディアミックスを利用してブームを作っていくという販売方法は，もちろん小学館だけでなく，講談社，集英社なども同じである．いまやコミックは出版というメディアの垣根を越えて映像や電子メディアと融合し，新たなソフトビジネスとして展開される時代を迎えた．

コミック誌とコミックスの変化　ところがそうした状況の中で，近年，コミック誌とコミックスの関係が変わり始めたといわれる．テレビアニメなどをみて，原作を読んでみようとコミックスを買い求める客が多いため，アニメ化やドラマ化されるとコミックスの売り上げは相当伸びるのだが，それがコミック誌まで波及しない例が多いのである．

たとえば「ブラックジャックによろしく」や「バガボンド」などコミックスでは100万部を超える作品を連載している『モーニング』の部数は60～70万部．コミックスは読むが，雑誌までは読まないという人が増えているわけだ．

テレビ化はされていないが若い女性の間で爆発的人気を誇る「ナナ」がコミックスで初版100万部を記録しながら，それを連載しているコミック誌『クッキー』は部数が20万部という具合である．

かつてはコミック誌の愛読者が，コミックスになったものをまた読む，という流れが一般的だったのが，そうではなくなった．特定の作品をコミックスでまとめて読む，しかし連載している雑誌は買わないという人が増えているのである．

たとえば『少年ジャンプ』連載の「テニスの王子様」は，コミックスの読者は約4割が女性といわれる．『少年ジャンプ』の女性読者は約2割というから，コミックスだけ読んでいる女性読者がかなりいることになる．

マンガの読まれ方が，明らかに変わりつつあるといえるだろう．

§4　日本マンガの海外進出

アジア進出は海賊版対策　マンガはメディアの垣根を越えたばかりでなく，国境をも越え始めている．最後に，日本マンガの海外進出について触れておこう．

日本のマンガが一時は席巻しているといっても言い過ぎでなかったのがアジア諸国である．日本の人気コミック誌は大半が台湾や香港などでも，現地の出版社から提携誌が発行されている．1990年代半ばには台湾だけでも30誌近い日本のマンガ提携誌がひしめいていた．

こうした海外提携が進んだのは1990年代に入ってからで，それ以前は海賊版が横行していた．その現実に頭を痛めた日本の出版社は，現地の出版社と提携することで海賊版の締め出しを図ったのである．日本に比べれば発行部数も少なく，定価も安いため，提携誌によって大きな収益を期待することはできなかったが，海賊版対策という点では大きな意味があった．

ただ，このところアジアでのマンガ提携誌には廃刊になるものも多いといわれ，不況やテレビゲームの影響など，日本と同じ理由が囁かれている．また，たとえば韓国のように著作権の保護が十分でない事情に乗じてレンタルコミック店が急増し，コミックが売れなくなってしまったところもある．ちなみに日本でも2002年頃からレンタルコミック店が増え始め，著作権法の一部改正によってこれに対処しようという動きがある．

欧米ではアニメが先導　代わってこの何年か，めざましい動きをみせているのが，マンガの欧米進出である．特に2002年11月にアメリカで『少年ジャンプ』の英語版『SHONEN JUMP』が創刊されたことは大きな話題となった．

欧米に日本のコミックが進出したのは1990年代からといわれるが，アメリカについて言えば，1995年の秋，時を同じくして放映が開始されたアニメ「美少女戦士セーラームーン」と「ドラゴンボール」の影響が大きい．この2つのアニメが成功したおかげで，日本のアニメが大挙して上陸を果たし，いま

やアメリカで放映されているテレビアニメのうち40％が日本アニメといわれる。このアニメの成功が、出版物としてのコミック進出を大きく促進した。

　もともと日本のストーリーマンガは、手塚治虫が完成させたといわれるもので、欧米のコミックとはだいぶ趣が違う。その日本マンガのスタイルをなるべくそのまま輸出するようにと、近年欧米で発行されているものは、文字は外国語に翻訳してあるものの、出版物は日本式の右開きで、右上から左下にコマが流れるものが多い。「MANGA」という日本の呼び方が海外でも流通するようになりつつある。

　確かに欧米の場合、暴力シーンなどに対する規制が厳しいし、流通システムが日本とかなり異なるなど、障壁はあるのだが、日本マンガは確実に広がりつつあるようだ。「ドラゴンボール」は、ドイツでは延べ500万部以上売れているといわれる。

　宮崎駿監督のアニメ作品「千と千尋の神隠し」が欧米でも高く評価され、アカデミー賞アニメ部門を受賞するなど、日本のマンガやアニメは急速に海外進出を推し進めている。経済産業省などもそうしたソフトの育成には、バックアップを強めようという意向のようだ。

　コミックは、出版物に限定すれば既に日本市場では頭打ちになったといってよい。しかし、国境を越えて海外へ進出し、さらにメディアの垣根を越えて映像や電子メディアと融合しつつある。そう考えれば、コミックをめぐる市場は、まだ拡大の可能性を十分秘めているといってよいだろう。

（篠田　博之）

参考文献
社団法人全国出版協会・出版科学研究所『出版指標　年報』
「特集・マンガの危機と可能性」月刊『創』2003年6月号

IV 週刊誌と写真週刊誌

§1 週刊誌とジャーナリズム性

　日本の出版界全体が発行部数，販売金額，創刊点数ともに1990年代後半以後，下降，低迷をつづける"底冷え不況"の中，週刊誌はかつての勢いを失ったものの，出版界で大きなジャンルを保ち，存在感を示しているのは事実である．テレビ，パソコン，ゲーム，携帯電話など他メディアとの接触時間の増加，若者の活字離れ，読書時間の減少，関心事の細分化・稀薄化など出版界全体のマイナスの要因の影響を，週刊誌もまた免れることはできないが，ジャーナリズム性，エンターテインメント性，娯楽性，風俗性を強めることで，多角的な展開をし，その位置を保ってきた．20世紀初頭の日本の週刊誌の創生期以来，新聞情報の補完と記録性から始まり，ホームジャーナル化，ついでセンセーショナリズム，スクープ主義，ゲリラ性，さらに風俗性を色濃く含んだエンターテインメント性へと変化を遂げながら歩みをつづけてきた．それはそのまま，日本の大衆社会，日本人の生活意識，価値観，好奇心の時代変化を反映しているといっていいだろう．

強まる「少量多品種」傾向　日本で発行されている週刊誌は全協・出版科学研究所の調べによると，2002年現在（年間），銘柄数で総合誌15（新聞社系6，出版社系9）大衆誌23（読物4，若者4，コミック10，その他5）女性誌5，少年誌4，スポーツ誌7，専門誌52（医学2，経済10，その他40），の計106誌で，年間総発行部数は15億7,000万部，推定販売金額は3,421億円である．1998年は88誌，18億2,000万部，3,900億円だったのでこの5年間に銘柄数では18誌増加しているものの，総発行部数，推定販売金額はいずれも減少している．銘柄数を押し上げているのは，この間で倍にふえた「その他」誌で，中身はパソコン，ファッション，音楽，トレンディー，ゲーム，トラベル，分冊百科などである．伝統的な新聞社系，出版社系の総合誌が低迷する中で，趣味の多様化，関心事の細分化が週刊誌全体の「少量多品種」傾向を強めているといっていいだろう．

　部数的にみると，総合誌では『週刊ポスト』と『週刊現代』が2000年代に入って激しいトップ争いをつづけている．2002年下期には『週刊現代』(64万部)が『週刊ポスト』(63万部)を抜いて，首位の座を交代した．しかし，2003年上期になると『週刊ポスト』(61万部)が巻き返して『週刊現代』(60万部)を抜いて逆転，トップの位置を取り戻した．出版社系といえば，ジャーナリスティックな硬派記事と芸能などエンターテインメント記事が"両輪"だが，両誌のシーソーゲームの原動力になったのは，タレントの水着姿，女子アナの記事，「袋とじ」のヘアヌードであった．伝統的な政治スキャンダル追及などのスクープ記事は，『週刊文春』(2002年下期，61万部)，『週刊新潮』(同，53万部)，それに部数こそ，かつての勢いはないが，『週刊朝日』や『サンデー毎日』に目立っている．

　一方，女性誌では，『女性セブン』(同，42万部)，『女性自身』(38万部)，『週刊女性』(28万部)に軒並み，前期比で部数を下げている．「その他」誌で目立つのは「パートワーク」「ウィークリーブック」とよばれる分冊百科もので，美術，花，地球旅行，20世紀ものなどをテーマに売り上げを伸ばした．教養

表IV-1　主要週刊誌の週平均販売部数の推移

(単位冊，日本ABC協会公査)

	2003年上期（1〜6月）	1993年上期
週刊ポスト	613,812	714,553
週刊現代	603,408	556,766
週刊文春	551,825	766,897
週刊新潮	487,570	568,125
女性セブン	407,716	765,662
週刊プレイボーイ	393,112	644,432
女性自身	352,240	758,480
週刊大衆	281,299	280,965
週刊朝日	274,534	410,888
週刊女性	266,390	606,950
週刊アサヒ芸能	216,299	302,664
サンデー毎日	107,651	224,535
ニューズウィーク日本版	100,002	152,606

主義と手軽さ，買い易さが魅力なのだろう．コミック誌では，2002年11月，集英社が米国版『SHONEN-JUMP』を発行，半年後には32万部を記録，海外に市場を広げたのが注目された．93年から03年までの部数推移（上期）を主要週刊誌16誌の週平均販売部数合計でみてみると，675万3,523部から465万5,858部と3割近く落ち込んでいる．増加しているのは，わずか2誌だけで，部数的にみる限り，新聞社系，出版社系の総合誌，女性誌ともに，一時の勢いはなく，低迷の中での激しい競争をつづけている．

原型は明治期につくられた　週刊誌といっても総合，ヤング，女性，写真，コミック，娯楽など多種に分かれている．歴史的にいえば，総合週刊誌がもっとも長い時を刻んできたことになり，現在発行されている総合週刊誌で最古のものは『週刊朝日』『サンデー毎日』(いずれも1922年4月創刊)である．この時代，経済的には1920年と1927年の金融恐慌に挟まれた時期で，社会的には大正デモクラシーを謳歌した頃であった．明治初期に誕生した日本を代表する朝日新聞社，毎日新聞社が資本を拡大させ，マスコミとしての分野拡大をはかっ

ての創刊だった．

しかし，日本における週刊誌の嚆矢といえば，明治期に生れた『サンデー』(1908年創刊)で，すでに現在の総合週刊誌の体裁をとっている．タブロイド判，20ページ，表紙は美人画である．

発刊の辞には「努めて其記事を明確にし，判断を厳正にし，過去一週間に於て発生せる社会重要事件を網羅して漏洩する所なからしめんとす．於是週報は特に日刊新聞と相挨って社会の明鏡たると同時に，其保存を永久にして時代歴史の索引ならしむる也．而も我儕の本領は独立独行に在り．天下に反ざる為に欺かず．媚びず欺かざる所に我儕の生命と本領は活躍す」と書かれている．

「媚びず，欺かず」「独立独行」——つまり，あらゆる干渉を排し，迎合することなく，真実に肉迫するという雑誌ジャーナリズム独立宣言であった．記事内容は，「国家を賊する横浜正金」(創刊号)，「虚栄の権化・愛国婦人会の醜態」(第3号)のキャンペーン記事や連載物「夜叉美人・露国探偵実譚」のノンフィクション物語がある．「新聞評判記」は新聞批判のページで，メディア相互批判を企画物としているのは，現在の週刊誌の手法同様である．

つづいて，大正期に登場した総合週刊誌『週』(1917年創刊)がある．タブロイド判，18ページ．『サンデー』よりは，硬派調でクォリティーマガジンの雰囲気をもっていた．創刊の辞では，週刊発行の意義を説いている．

「『週』は其名の示す通り，週から週へと絶えず生きたる現代社会の歴史を書きつづり行く忠実なる歴史家である．又思ふに，現代人の生活は目まぐるしい程多忙である．何人も毎朝緩々と新聞紙を読んでいる余裕はない．けれど其一週に一日，或は半日位の閑暇はあるであろうし，又あらねばならない．此時徐ろに『週』を閲して平生の卒読乱読から来る脳中の雑駁なる印象を訂正し，其記憶を整理すると共に，此機会を以て感興饒なる思想の別天地に悠遊し，併せて精神的休養を取るといふ事は現代人に取って意義ある生活の一様式である．是が『週』の生まれた大なる理由である．願はくは今後永く我国社会人生の為めに所期の奉仕を完うし得ん事を」

週間サイクルの生活様式は西洋で生まれ，明治維新後に日本に入ってきた．英語の week の原型はラテン語の vicis，本来の意味は「転換」「変化」である．「変化の一段落する時期」といい直してもいいだろう．日本社会にようやく芽生えた週意識をとらえ，その上に立って，娯楽，教養を得るためのメディアとして位置づけたのである．『サンデー』『週』のネイミングはそのまま，当時としては新鮮な生活，文化概念だったのである．

ホームジャーナルの確立　短命に終った『サンデー』『週』につづいて誕生した『週刊朝日』（『旬刊朝日』改題）『サンデー毎日』は，ともに新聞社発行の総合週刊誌でありながら，記事内容はニュアンスを異にしていた．『週刊朝日』はイギリスの新聞，ロンドン・タイムス週報を原型とし，1週間のニュースダイジェストとしての機能を中心とした．これに対して『サンデー毎日』は，アメリカの新聞，サンデー・トリビューン日曜版を参考にして，文芸・家庭色が強いものとなった．『サンデー毎日』の場合，明治期の週刊誌『サンデー』の寄稿家であり，大阪毎日新聞社学芸部長である詩人の薄田泣菫が編集長をつとめたことの影響もあったと思われる．

『週刊朝日』は2カ月前に創刊したばかりの『旬刊朝日』第5号の改題という形でスタートした．現在の週刊誌サイズの2倍の四六4倍判，36ページ，週刊情報（ニュースダイジェスト），インサイド，経済情報と『旬刊朝日』時代の記事三分方式に変わりなかった．インサイド欄には三宅雪嶺「現在の政治問題」，河上肇「マルクス主義の話」，安部磯雄「現代の思想問題」，島田三郎「台湾統治の方法を改めよ」などがある．旬刊から週刊への切り換えについては「一週間分をひと纏めにし，誤報を修正し，記述に前後や経過の組織を立て，且つこれを何人にも読みやすいように書き直したものである」との編集責任者の社内発言がある．ニュースダイジェスト本位の姿勢がここでもうかがえる．

一方の『サンデー毎日』創刊号はタブロイド判，28ページ，記事内容は巻頭文「現代生活の充実と節制と」をはじめ，「きれいに見えてもきたない生活」「洋式35坪の新住宅」「台所の改造」「これからの食べ物」，寄稿文では三宅や

す子「夫婦相互の思想」，山川菊枝「産児調節か，生み放題，死に放題か」，山田耕作「禽獣の舞踊と植物の舞踊」，本居長世「童謡を作る子供の心もち」，小説では芥川龍之介らの名前がある。『サンデー毎日』には，『時事週報』『経済週報』など1週間のニュースダイジェストもあったが，いずれも巻末扱いで，家庭生活，婦人，子どもの記事が中心だった。ただし，『週刊朝日』も第3号から大衆路線に修正，『サンデー毎日』同様，ホームジャーナルに姿を変えている。

両誌が創刊されて2年目には関東大震災が発生，この時はニュース中心の誌面展開をしている。『サンデー毎日』(1923年9月16日号) は「死の都東京を訪れて——荒涼たる廃墟の中に咲き出でた美しい人情の花を私は見出した」と長文の現地ルポ，この号をはさんで3号にわたってほぼ全ページの「関東大震災特集」を組んでいる。『週刊朝日』も同様だった。新聞社の取材，編集機能を生かした独自のニュースが力を発揮した出来事だったが，誌面づくりの軸としては，ホームジャーナル路線を確立していくことになる。

以後，昭和に入ると，『週報』(1936年),『写真週報』(1938年)が内閣情報局から発行され，やがて，『週刊朝日』『サンデー毎日』ともに戦時一色となる。『サンデー毎日』は題字が敵性語であるとの理由で1943年から2年間，『週刊毎日』と改題された。

終戦後間もなく『世界週報』(1945年，時事通信社),ついで『週刊サンケイ』(1952年，サンケイ新聞社),『週刊読売』(同年，読売新聞社)が発行されるが，1950年中頃までは『週刊朝日』『サンデー毎日』を中心とした新聞社系週刊誌黄金時代がつづき，部数でも『週刊朝日』が1954年秋に週100万部に到達，『サンデー毎日』は1959年4月，皇太子ご成婚のミッチーブームに乗って，156万7,000部を記録した。

また，新聞社系週刊誌が文芸を売りものとしていた成果として，多くの小説家を世に送り出したことがあげられる。『サンデー毎日』の懸賞小説は文学界の人気を集め，その入賞者から戦前では海音寺潮五郎，山岡荘八，村上元三，

井上靖，山手樹一郎，源氏鶏太，戦後では新田次郎，南条範夫，永井路子，杉本苑子，寺内大吉，黒岩重吾ら各氏を生み出している．連載小説や懸賞小説が総合週刊誌としてのエンターテインメント性をもちえた時代だった．

週刊誌ブームと芸能誌休刊 新聞社系総合週刊誌の独占市場を破ったのは，『週刊新潮』(1956年，新潮社)をはじめとした出版社系週刊誌の相次ぐ創刊だった．1960年までの4年間に，『アサヒ芸能』(徳間書店)，『週刊女性』(河出書房，のちに主婦と生活社)，『週刊大衆』(双葉社)，『週刊明星』(集英社)，『女性自身』(光文社)，『週刊現代』(講談社)，『週刊文春』(文藝春秋)，『週刊平凡』(平凡出版)，『週刊時事』(時事通信社)，『週刊コウロン』(のちに『週刊公論』，中央公論社)が誕生，さらに『平凡パンチ』(1964年，平凡出版)，『週刊ポスト』(1969年，小学館)，『週刊宝石』(1981年，光文社)が続いた．

出版社系総合週刊誌の草分けである『週刊新潮』は，アメリカの雑誌『タイム』『ニューヨーカー』を徹底的に研究，「新聞社系週刊誌の亜流でないものを」と独自の路線をとった．新聞社のような取材網はなく，販売，広告も弱体である．しかし，独自の手法は成功を収めた．新聞の小さな記事をみつけては，独自の見方をコメントでつなぎ，メディア一般の価値観を逆転させ，ニュースのエンターテインメント化という手法である．外部の作家を起用してのアンカー方式も採用，読みごたえのある記事が生まれた．「ノリとハサミのコメント方式」「何が真実かあえて答えをださぬ"やぶの中"方式」ともよばれ，創刊時の基本スタイルを現在に至っても固持しているのは稀有のことである．

出版社系総合週刊誌を中心とした週刊誌ブームは，高度経済成長，テレビ保有世帯1,000万突破，と同じカーブを描いて上昇をみせた．しかし，過度の競争からセンセーショナリズムの色彩を強めた時期でもあった．大都市通勤サラリーマンが読者の中心であり，派手な見出し，断定的な記事内容で読者を獲得する必要に迫られ，過激なタイトル，造語を生み出すことになった．

『週刊ポスト』のヒット作「衝撃の告白」は，タイトル造語競争のはじまりといっていい．芸能人，有名人の私生活に迫る「衝撃の告白」シリーズは，

IV 週刊誌と写真週刊誌   49

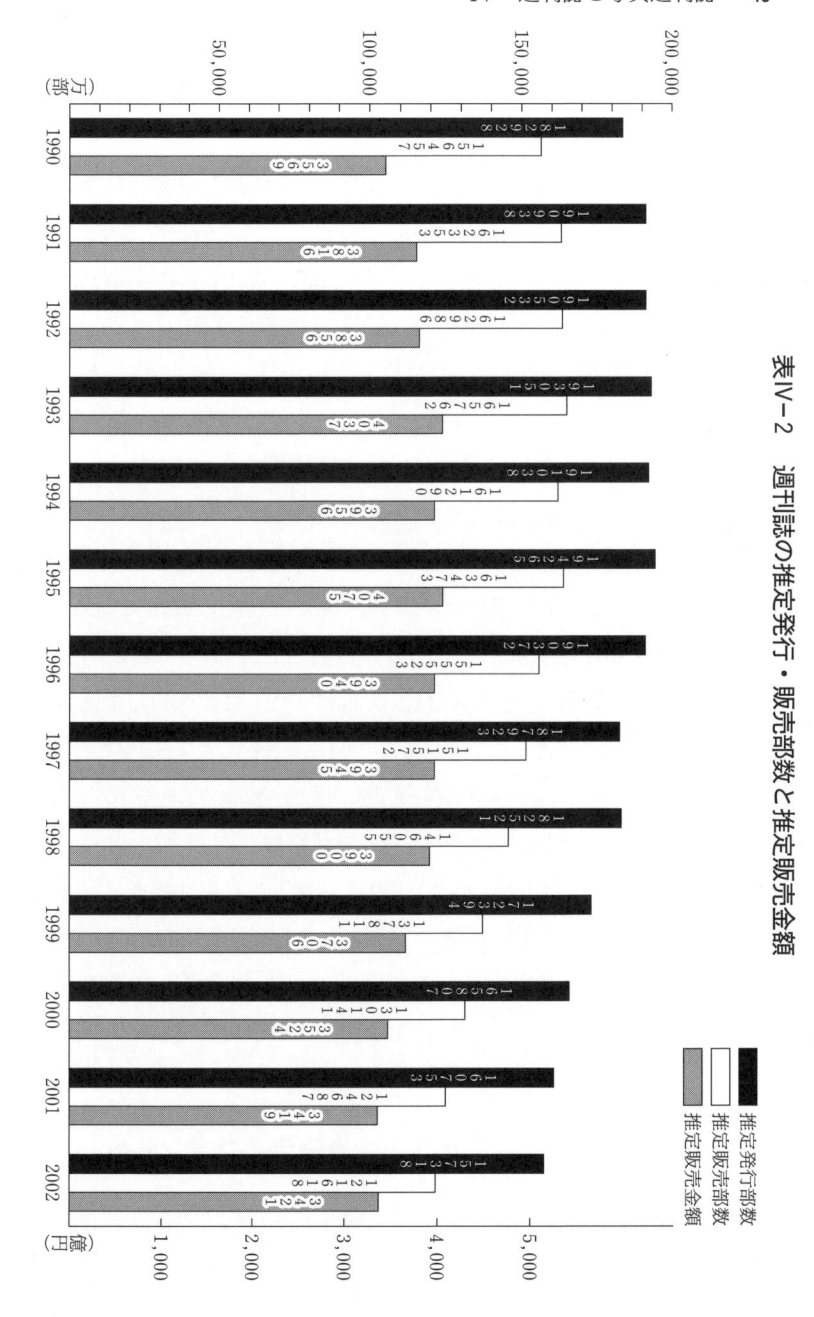

表IV-2　週刊誌の推定発行・販売部数と推定販売金額

出所）出版科学研究所

1970年2月から2年間つづき，同誌の発行部数は40万部台から70万部台に伸びたといわれた．次いで，週刊誌造語でヒットしたのは「激」シリーズである．「激白」「激笑」「激殺」「激争」「激録」など，"言葉の狩人"といわれた国語学者・見坊豪記氏の集録によると，1979年1年間で「激」のつく造語が，雑誌，スポーツ紙を中心に，52種類にのぼったという報告がある．

　センセーショナリズム路線の中でやがて登場したのは，写真週刊誌である．『FORCAS』(1981年，新潮社)，『FRIDAY』(1983年，講談社)，『Emma』(1985年，文藝春秋)，『TOUCH』(1986年，小学館)，『FLASH』(同，光文社)と創刊が続き，「3 FET時代」とよばれた．有名人，芸能人，政治家の私生活，不倫，スキャンダルの暴露写真，災害，事故，事件の残酷写真で人気を集め，一時期「写真週刊誌600万部時代間近か」の声さえあがった．

　この陰で勢いを失い，消滅したのは芸能週刊誌だった．1987年に『週刊平凡』，その4年後に『週刊明星』が休刊，芸能週刊誌の終焉である．『週刊平凡』休刊の年に石原裕次郎が世を去り，『週刊明星』休刊の年にディック・ミネ，春日八郎，上原謙を失ったのは象徴的だった．芸能週刊誌全盛時代には雑誌とテレビ，ラジオがタイアップ，「歌う明星」「平凡アワー」など歌番組が人気を集めたが，テレビ，ラジオから歌声は消え，芸能ニュースでいえば作品内容でなく，私生活，不倫，スキャンダル暴露路線が中心となった．「スター」という言葉は死滅し，芸能人というよりタレントの私生活報道は，女性週刊誌のお家芸と変った．写真週刊誌の中では，その後『Emma』が1987年に，『TOUCH』が1989年に廃刊し，さらに2001年には草分けの『FORCUS』が休刊．20年間の幕を閉じた．『FRIDAY』『FLASH』2誌のみが存続している．

§2　インフォメーションからエンターテインメントへ

大衆的好奇心と週刊誌手法　週刊誌の誕生から現代まで，週刊誌の変貌は一口に述べるとすれば，センセーショナリズムの拡大，インフォメーションから

エンターテインメントへの急傾斜といっていいだろう．そして，週刊誌はテレビとともに，大衆社会のシンボルとなったのである．

週刊誌の編集手法は，時代の大衆的好奇心がそっくり反映されている．週刊誌ブームの初期といわれた1950年代末，誌面分析をもとに「ヒューマンインタレストを追及する編集手法」を分析した報告がある[1]（『週刊誌——その新しい知識形態』），ここでは5つの特徴をあげている．

1．説得力の増大——週刊誌に登場する人物は，どんな有名人であれ，私生活面では平凡な家庭生活をもつ一般読者大衆と同じ生活感覚を有する人間であることを強調し，その証言を利用するテクニックを用いる．

2．個人の重視——家庭生活，職場生活，健康，衣食住，娯楽，人づき合いなど，ささやかな個人の幸福，個性を中心に考える．

3．代理参加——相談欄，ゴシップ欄を通じて代理参加の気分を読者に与え，私的生活を眺めることで有名人への間接的接触の喜びを覚えさせる．

4．同一視による緊張解消——芸能人やスポーツ選手などの私生活暴露，ゴシップ記事で有名人との同一視，現実逃避の効果を生む．欲求不満による緊張を解消，あるいは緩和させる効果をあげる．

5．問題の本質をかわす——政治の興行化，情報化，政治意識の消費物化が代表的である．重苦しい問題提起はなるべく避ける．

週刊誌の本質を形容した言葉として，正義を装ってのマッチ・ポンプ手法からよんだ「週刊誌説教強盗説」他に「週刊誌おやつ説」「週刊誌タバコ説」「週刊誌オヤマア説」などがある．新聞と違って，嗜好品，副食物であり，気楽さ，解放感が売りものであり，人が密集し，通行量の多い個所でよく売れるものであり，また，週刊誌記事の本質は，見出し，広告をみて「オヤ」と思い，「マア」と驚かせたり，「ヘエ」とあきれさせることであることを表現したものである．また，週刊誌は「as if（のような）文化」という形容もあった．

写真週刊誌と女性週刊誌　ひたすら大衆的好奇心を追求して誕生したのが写真週刊誌であった．「写真で時代を読む」をキャッチフレーズに創刊された

『FORCUS』の手法は画期的だった．第1の特徴は，写真を構図的にあえてまとめず，カットの仕方がフレームの外側をみたいという欲求に駆らせる手法をとったこと．第2の特徴は記事スタイルにあった．説明文は900字前後，2～3分もあれば容易に読むことができる．文章技法は新聞や総合週刊誌が"文主写従"であることを逆転させ，意図的な構図と情緒過多の文章によって"写主文従"，それも2ページ1テーマの原則を守って威力を発揮したのである．

年々深刻化する出版不況の中で，大手出版社が編み出したサバイバルの切り札が写真週刊誌であるといわれた．現にビートたけしの殴り込み事件（1986年）直前には『FRIDAY』が155万部，『FORCUS』が140万部を記録している．「売れれば正義」という言葉がまかり通った時代でもあった．その『FORCUS』も，2001年8月の休刊直前には「行き過ぎ取材」批判と読者離れで部数は30万に落ち，累積赤字は数十億円に達していた．

センセーショナリズムといえば，もうひとつ，女性週刊誌の世界がある．有名人のスキャンダル，世界びっくり人間発見，難病克服物語，霊の不思議シリーズ，性の告白，皇室モノが得意のジャンルである．

「主婦の井戸端会議の情報提供の場」「ゴシップこそは女のバイブル」ともよばれ，1980年末には『女性自身』『女性セブン』が100万部を突破している．

芸能人スキャンダルをめぐっては女性週刊誌同士が誌面で対決，話題の増幅をはかったこともある．山口百恵，松田聖子，中森明菜が女性週刊誌を賑わせる3大人物といえるだろう．センセーショナリズムの象徴は，激しい造語合戦である「略奪愛」「複雑愛」「逆玉愛」「逆転愛」「修羅愛」「破壊愛」「合鍵愛」「宿泊愛」「連泊愛」「覚悟愛」など愛シリーズだけでも造語合戦はとどまるところがない．また，若い母親の非常識，不作法，無暴を罵倒するシリーズが目立つようになった．『女性自身』の「馬鹿っ母」シリーズは，最大のヒットで単行本になっている．

芸能週刊誌が消え，代って女性週刊誌が伸びてきたわけだが，ファッション，実用情報，グルメなど，月刊誌，月2回刊誌などの影響を受けたのか，1990

年代に入って部数的には伸び悩みがつづき，2003年までの10年間に部数半減という状況にあり，ひたすら刺激性を追い求めた女性週刊誌もいま大きな曲り角にある．

§3 問われる性表現・人権・プライバシー

相つぐ人権の訴え　人権・プライバシーの権利意識の高まりとともに，法曹界，政界では「日本のマスコミに侵害された名誉の値段が安すぎる」との議論が高まった．1987年11月の日本弁護士会連合会人権擁護大会では「人権と報道に関する宣言」を行っている．30回を超える大会でマスコミ報道をとりあげたのははじめてだった．1999年には自民党の「報道と人権のあり方に関する検討議会が「出版社などが敗訴した場合でも賠償額が少額であるために，実際は商業主義に走って人権への配慮が薄れているものと推察される」との報告書をまとめ，賠償額の引上げを促している．このときも，批判の対象になったのは主として週刊誌報道だった．

この間，取材される側の権利，論議も盛んで，1997年には東京弁護士会人権擁護委員会の報道と人権に関する部会が次のような「取材される側の権利宣言」を行っている．

①いかなる個人も，盗聴，脅迫，暴力，欺罔などによる違法な取材を拒否し，取材の中止を求める権利．

②承諾なしに容貌，姿態を撮影されず，撮影された場合，当該フィルムの廃棄を要求する権利．

③過去の犯罪，事故，スキャンダルなど，当時正当とされた事実についても，本人の承諾なしに報道されない権利．

④家族や近親者の犯罪が報道される場合，承諾なしに住所，氏名，職業，出身，写真などを報道されない権利．

⑤少年の起こした犯罪，事故について，家族を含めて氏名，年齢，職業，学校名，住所，写真などを報道されない権利．

⑥精神障害者の犯罪，事故について，本人および家族の氏名，年齢，職業，住所，写真などが報道されない権利．

⑦いかなる個人も，その子，配偶者，両親の遺体について，みだりに写真撮影されず，これを報道されない権利．

⑧写真報道について，誤認を生じせしめるような解説，見出しを付されない権利．

⑨名誉，プライバシーを侵害する事実の報道について，反対取材を求め，反論を行う機会を与えられる権利．

⑩事実に反することが明白で，公共の利害に関する事実を含まず，回復困難な損害を受けることが明白な報道がなされようとしている場合，裁判所に対して，発行の事前差止めを求める権利．

⑪報道された写真，記事，解説，見出しが事実と異なり，名誉，プライバシーなどを侵害する報道がなされた場合，訂正，謝罪，損害賠償を求める権利．

プライバシー制約の条件　この「取材される側の権利」宣言は，あわせて「解説」の中で著名人のプライバシーについて，職業の社会的立場，社会的影響力によって，制約されても止むを得ない場合があると，次のような問題提起を行っている．

国会議員，地方公共団体の長，地方議会議員ならびにその候補者については，その人格，見識，能力について常に国民の厳しい批判を受けるべき立場にあるので，プライバシーを理由として，取材，報道を拒否することは原則として許されないと考える．

公務員についても，その選定および罷免が国民の基本的権利であることからして，一般市民の場合と異なり，プライバシーの領域にわたる取材，報道も許されるべきである．この場合，その公務員の権限が強大であり，その職務執行の国民に与える影響が重大であるほど報道によるプライバシー公開も広く認められると解すべきである．

宗教家，経済人，学者，法律家，教育者，作家などで，その携わる活動が社

会に及ぼす影響力の大きい人の場合には，社会活動上相当と認められる限度でプライバシーの公開も認められる．

歌手，俳優，スポーツ選手など，大衆と接触を業とするいわゆる芸能人などの場合には，プライバシーを売っているのだからそれを侵害されても仕方がないとの反論がなされる．確かに，芸能人については，大衆の側から，そのプライバシーについても関心が高いうえに，芸能人の側でも，プライバシーの公開について相当程度包括的に許諾していると認められることが多いことは十分留意されるべきである．しかし，その活動の社会に与える影響力に鑑みて，芸能人などの場合には，当人が取材，報道を欲しないことが客観的に明らかなプライバシーについての取材，報道は許されないものと考えるべきである．

このプライバシーについての考え方は，写真週刊誌による人権・プライバシー侵害を前提にしてのものだったが，週刊誌などマスメディア一般にとってプライバシー配慮の参考となっている．

名誉毀損賠償の高額化傾向　メディア批判と人権・プライバシー意識の高まりを反映するように，賠償や謝罪を求める裁判で週刊誌側が敗訴する傾向がつづいている．しかも，賠償認容額は高額化するばかりである．

2003年10月30日，東京高裁は写真週刊誌『FORCUS』（休刊中）によって名誉を傷つけられたと熊本市の医療法人理事長が訴えた裁判で，一審判決内容より660万円増額した1980万円の支払いを発行元の新潮社と当時の編集長らに命じる判決を下した．マスコミに対する名誉毀損訴訟としては過去最高額だった．2000年5月，理事長夫人ら4人が交通事故で死亡した交通事故をめぐって『FORCUS』は50億円の保険金殺人疑惑として報じた内容である．判決では「『FORCUS』側が主張するような，真実と信じるに足りる相当な理由がなく，理事長の社会的評価の低下は著しいものがあった」と判断，2001年3月の東京地裁判決を上回る額の賠償を命じた．

マスコミの報道をめぐる裁判で，メディア側が敗訴した場合の損害賠償額は1980年代には数十万円の判決も珍しくなく，1990年代でも100万円から150

万円が上限の相場だった．しかし，交通事故の逸失利益や慰謝料一般の上昇，人権・プライバシー意識の向上という環境の変化が裁く側の意識を変えてきた．2001年3月，プロ野球の清原和博選手が『週刊ポスト』を相手にした訴訟で東京地裁は当時としては最高の1,000万円の賠償を小学館に命じた．記事内容は，清原選手が米シアトルでのトレーニングに熱心には取り組まず，ストリップバーで派手に遊んでいるというものだった．しかし小学館が控訴，東京高裁は同年12月，一審判決を変更，賠償額を600万円に減額した．判決で「私事暴露記事は目に余るものある．しかし，低俗なのぞき見的好奇心からこのような報道を受け入れる社会の尺度や人権感覚を問題にすべきとの視点もあり得る」と芸能人やプロスポーツ選手の私生活報道を容易に受け入れる大衆の傾向に厳しい批判の目を向けたのが注目された．

　名誉毀損をめぐる議論で，メディア側は国民の知る権利，取材・報道の自由，記事内容の真実性を主張して対抗するが，司法の場では敗訴率が高くなっている．判決の賠償高額化について，2001年7月，東京高裁は，女優，大原麗子さんが『女性自身』を相手に勝訴，第一審同様，500万円の支払いを命じた際，「虚偽報道や誤報記事の被害者に対する補償措置を多少強化しても，国民の知る権利を脅かす危険性は少ない」との見解を示し，「過去の訴訟に拘束されることが正義，公平の理念にかなうとはいえない」と，暗に過去の価値観が低すぎると主張している．週刊誌の私生活報道については，記事内容が真実がどうかの判断以前に公共の利益にかかわるものではないと報道の必要性そのものを否定する司法判断の傾向はさらに強まりそうである．

　新聞社の性表現広告見合せ事件　部数拡大のために，出版社系週刊誌が過激な風俗グラビア，性関連記事の競争をつづける中で，新聞広告の性表現を問題視する声が高まり，新聞社の広告掲載見合せ，広告内容修正要望に発展した．1999年4月の男女雇用機会均等法の改正で，セクハラ防止に関する企業の配慮義務が課せられ，同年，日本弁護士連合会の人権擁護シンポジウム報告書で過激な性表現のある週刊誌広告を載せる新聞社の責任がセクハラ的視点から取

表Ⅳ-3　名誉毀損による慰謝料を認めた高額判決例

年月	原告	掲載誌	金額
2001.2	大原麗子さん	女性自身	500万円
.3	清原和博選手	週刊ポスト	1,000万円
			(高裁で600万円に減額)
.7	安倍元帝京大副学長	週刊新潮	300万円
	大阪経法大副学長	週刊文春	500万円
	殺人公判中の被告	FORCUS	330万円
.9	民放女子アナ	週刊現代	500万円
.10	黒川紀章さん	週刊文春	500万円
2003.6	医師・春山茂雄さん	週刊文春	660万円
.8	野村沙知代さん	週刊新潮	330万円
.10	熊本・医療法人理事長	FORCUS	1,980万円

朝日新聞朝刊2003.9.20／2001.9.8　毎日新聞朝刊2001.10.27／2001.8.29などをもとに作成

り上げられたのがきっかけだった．教育現場でも，授業で新聞を使うNIE（教育に新聞を）活動の中で，教師の間から「扇情的な広告の載った新聞を授業で使えない」との強い意見が出された．

　主要新聞社は広告掲載基準を改正，あるいは既存の掲載基準の厳格適用によって「セクシャルハラスメントとなる恐れがあるもの」「性，性描写の取扱いや表現が露骨で，みだらな感情を起こさせるもの」に対して審査を強化，一部修正要求，広告掲載の見合せが実施された．主に対象になったのは『週刊現代』『週刊アサヒ芸能』で，出版社側からは表現の自由を阻害するものとの主張があったが，広告一時掲載見合せの結果を生んだ．

　1990年代後半，国内大手航空3社や海外航空会社の多くがヘアヌードを売りものにした『週刊ポスト』『週刊現代』を機内サービスから除外する出来事もあった．日本雑誌協会の倫理規定には「性に関する記事，写真，絵画等は，その表現と方法に十分配慮する」（雑誌倫理綱領）とあるが，一部週刊誌の性表現過当競争はその後もつづいている．

JR東日本，文春締め出し事件　『週刊文春』は1994年6月23日号から4回にわたって「JR東日本に巣くう妖怪」というキャンペーン記事を掲載した．

JR東日本が松崎明JR東労組委員長に牛耳られているという内情を暴露した内容だったが、これに対してJR東日本が管内の鉄道弘済会に指示して「キヨスク」での『週刊文春』販売契約を解除させ、締め出しを行ったのである。

発行元の文藝春秋は「言論の自由に対する抑圧」と販売妨害禁止を求める仮処分を、JR東日本は批判記事を載せた同誌の販売禁止を求める仮処分で対抗、さらにJR東日本は名誉毀損による損害賠償を求める民事訴訟を起こした。その後、東京地裁は契約解除は無効であるとの決定をくだし、両者は同年11月の和解によって販売拒否を解除、『週刊文春』は「キヨスク」に復活したが、5カ月間の空白の打撃は大きく、実売部数減少という打撃を受けた。

この和解にあたって、文藝春秋側は記事内容に誤りがあったと謝罪、田中健五社長ら8人を減俸、けん責などの処分にした。結果的には『週刊文春』の敗北だった。販売ルートを断たれるのは、出版社にとって致命的である。言論の自由は流通の自由によって守られているのではないか。JR東日本や鉄道弘済会は公共性の強い団体であり、たとえ意に添わぬ記事があったとしても「言葉には　言葉で」が民主主義のルールではないかとの批判が、この解決法をめぐって高まった。

週刊誌ジャーナリズムの使命　週刊誌ジャーナリズムといっても定義はきわめてあいまいである。大衆社会の中で、時代の流れを敏感に反映し、内容、表現法はつねに変化している。情報メディアではあるが、同時に娯楽メディアでもある。しかも、歴史的にみてリニューアルの連続なのだ。

記事内容をみても、生活記事中心のホームジャーナルから出発し、やがてニュース中心となり、娯楽・芸能記事がふくらんだり、しぼんだり、テレビとともにつねに大衆の好奇心の最前線に位置してきたのである。このところ、各週刊誌ともリニューアルばやりである。マス・マガジンでは対応しきれないほどの多価値化、生活多様化、それを背景に雑誌の個性化、細分化が進んでいることの反映だろう。平凡出版の創業者のひとり、清水達夫の「雑誌は時代とともに生きるもの。生きものであれば時期がくれば死ぬ」の名言が思い出される。

時代に生き抜くためには,つねに変容が求められる.話題豊かな人間中心主義,ビジュアル化,女性・若者志向,いろんな試みが行われているが,やはり週刊誌のカナメは特集記事である.もっとも強みを発揮するのは,重要テーマについての事実発掘,スクープであることに間違いはないだろう.一人称で気軽に取材対象に挑み,新聞の客観性を破る主観的なパワーによって真実をつかみ取る,その作業こそが週刊誌ジャーナリズムの生命であると思われる.

新聞は週刊誌化し,テレビは週刊誌的関心事をいち早く提供する.週刊誌がセンセーショナリズム,エンターテインメント化を抑えながらマスメディアの位置を確保していく条件はむずかしいが,攻撃性,娯楽性,話題性を備えた特質を生かす道は広いはずである.社会不安,大変動,大事件の現代にこそ,週刊誌のジャーナリズム精神に期待が集まる.

(鳥井　守幸)

注)
1) 週刊誌研究会編『週刊誌　その新しい知識形態』三一書房　1958 年　pp. 153-159

参考文献
朝日新聞社編『週刊誌のすべて』国際商業出版　1976 年
『朝日新聞出版局史』朝日新聞社　1969 年
朝日新聞社会部編『被告席のメディア』朝日新聞社　1994 年
野村尚吾『週刊誌 50 年』毎日新聞社　1973 年
藤竹暁編『図説　日本のマス・メディア』日本放送出版協会　2000 年

V　デジタル時代の出版

◆ ネットワーク出版

§1　ブロードバンド時代の到来

<u>インターネットの爆発的成長</u>　20世紀最後の1990年代は，インターネットによってもたらされた情報通信革命の時代であった．このインターネットというまったく新しいメディアは欧米やアジアの先進諸国を中心に驚くべき勢いで普及し，21世紀に入ってからも私たちの情報通信環境を激変させつつある．そしてインターネットは，急増する利用者数を背景に紙メディアによって担われてきた出版・新聞，あるいは電波メディアによる通信と放送という伝統的なマスメディアから自由なまったく新しいメディアとしての地位を確立しようとしているのである．

　今日どれくらいの数の人びとがインターネットに接続しているかについて正確な数字を求めることは困難であるが，ある調査によれば2002年9月現在で全世界での利用者数は約6億560万人と推定されており，内訳ではカナダとア

メリカで1億8,267万人，ヨーロッパで1億9,091万人，アジア太平洋地域で1億8,724万人，中南米で3,335万人などと伝えられている[1]。また，日本の総務省の調査では2003年末での国内利用者が約1,340万世帯，さらに携帯電話からは約6,780万人がインターネットを利用しているとのことである[2]。

ブロードバンド元年　そしてこのインターネットも，伝送路の高速広帯域化によって本格的なブロードバンド時代を迎えることとなった。2001年7月に総務省が公開した『2001年度版　情報通信白書』によれば，「平成12 (2000) 年から平成13 (2001) 年初旬にかけてのIT（情報通信技術）の特徴は，一言でいえば，光ファイバ網等への支援や競争促進の環境整備等によりもたらされたDSL（デジタル加入者線）やケーブルインターネットの急速な普及，常時接続サービスの普及・低廉化に象徴される本格的なブロードバンド時代の到来であり，まさしく「『ブロードバンド元年』と位置付けられる」と述べている。

　1980年代前半のニューメディア元年に始まる日本の情報通信革命は，パーソナルコンピューターが普及したマルチメディア元年，そして90年代に入ってからのインターネット元年を経て，ようやくブロードバンド元年へとたどり着いたといえよう。

　ところで，「ブロードバンド時代」とは『情報通信白書』によれば，「国民の誰もが，(1) どんな情報でも短時間で送受信が可能となり（たとえば100メガのFTTH (Fiber To The Home) の場合，2時間の映画を5分で伝送可能），(2) ネットワークに常時接続，(3) パソコンだけではなく，携帯電話や情報家電などさまざまな機器を用いて，多様な生活場面でインターネット活用が可能となる状況が現実のものとなり」，「流通する情報の大容量化が進み，すべての「情報」がネットワーク流通の対象となる」時代とされている。

　そして，ブロードバンド時代の歴史的意義を「白書」は，次のように表現している。

　「こうしたブロードバンド・インターネットの個人レベルへの浸透により，いわば人間は「無限の情報空間」を自由に活用することが可能になる。これは，

……企業活動の効率化や多様なライフスタイルの実現といった「変化」にとどまらず，個人の知的活動の飛躍的な向上をもたらし，国境を越えた地球規模での文化的「変革」にまで達するポテンシャルを秘めている．その意味で，ブロードバンド・インターネットはちょうど，中世イタリアに端を発した「ルネッサンス」が，個人の思想活動の活性化をもたらし，「暗黒の中世」から人間中心の近代文化への転換を実現したことにも対比できるものと考える．」

中世イタリアに端を発したルネッサンスは，時代的にいうならばヨハン・グーテンベルクが活版印刷の技術を発明した1455年頃とも重なってくる．活版印刷がもたらした書物の大量複製が近代市民社会と近代文化成立の一大要因であることは，これまでに多くの人びとによって指摘されてきたことであるが，この印刷革命にも匹敵するような文化的変革に私たちが立ち会っているという状況を認識することなくして，デジタル時代の出版を考えることはできないのである．[3]

§2　電子出版とは

電子出版の4形態　そもそも電子出版は，コンピューターによって生成された電子データをFDやCD-ROMあるいはネットワークを利用して配布する出版形式として始められた．出版は，歴史的には木版や活版などの印刷技術を用いて紙の上に文字情報や画像情報を固定することから始まっているが，電子出版は印刷の方式がコンピューター技術の進展とともに活版印刷からコンピューター組版（Computer Typesetting System）に移行することによって出現した新しい出版形態であった．

この電子出版には，当初4つのカテゴリーが含まれていたのである．すなわち，

(1) 電子編集

(2) CD-ROMなどによるパッケージ系の電子出版

(3) インターネットなどコンピューター・ネットワークを利用して出版情報

を配信するネットワーク出版

(4) パッケージ系媒体とインターネットとの組み合わせ

である。[4)]

　まず第1の電子編集であるが，印刷技術が活版印刷からコンピューター組版システム（CTS）へと変革されたことによって可能になった．印刷業界で開発が進められたCTSが普及する一方で，出版界ではパソコンを利用したDTP（Desk Top Publishing）の導入も試みられてきた．DTPソフトの性能の進化によって，これまで印刷業界に委託していた組版過程が「インハウスのプリプレス」と呼ばれるように出版社内で可能となった．このようなCTSやDTPなどによる電子編集の導入は，電子データを効率よく電子出版へとつないでいこうとする動きへと転じた．紙媒体への出力のために電子化されたプロセスが，電子出版のために活用されるようになったのである．

　このような電子編集の手法は，コンピューターと連動した文書作成支援システムであるSGML（Standard Generalized Mark-Up Language）や文書成型ツールとしてのTEX（テフ），あるいはインターネット上のWWWの記述言語であるHTML（Hyper Text Mark-Up Language），さらにはSGMLのサブセットであるXML（eXtensible Mark-Up Language）とも連動しながら電子出版の新しい局面を創出している．インターネットで情報を発信するために不可欠となったHTMLも，最近ではXMLと連動して使われるようになってXHTML（eXtensible HTML）という新しい記述スタイルも登場した．

　第2のCD-ROM出版（CD-ROM Publishing）は，電子出版における中心的な役割を果たしてきた．もともとはコンピューターの記憶媒体のひとつとして使われていたCD-ROMが，電子出版やマルチメディア・ソフトなどの情報の配信媒体として利用されるようになったのである．

　第3のインターネットなどコンピューター・ネットワークを利用して出版情報を配信するネットワーク出版（Online Publishing, Web Publishing）であるが，1990年代に入ってからのインターネットの爆発的普及によって欧米では電子

出版の主流に躍り出た．欧米の学術出版社はインターネットを利用したネットワーク出版に積極的に取り組んでいるが，この波は日本にも到来しつつある．また，個人がインターネットにホームページを開設して情報発信することも，広い意味で電子出版ということができる．

　第4のパッケージ系媒体とインターネットとの組合わせであるが，あらかじめ配布しておいたCD-ROMからインターネットに接続させて，情報の追加や更新をウェブ・サイトから行う方式である．CD-ROMに記録された情報を更新するためには，CD-ROMそのものを再配布しなければならないが，この方式を採用すれば新しい情報をオンラインで配布することができる．あるいは，画像や映像などの大容量のデータをCD-ROMであらかじめ配布しておいて，インターネット経由で利用するゲームなどのケースも一部で見られたが，インターネット回線の高帯域化（ブロードバンド化）はパッケージ系媒体の必要性を減少しつつある．ただし，著作権保護あるいは課金などのために，CD-ROMなどのパッケージ系媒体によって利用者認証をしてからインターネット経由のアクセスを許可するシステムも存在している．

§3　ネットワーク出版とは

　<u>電子ジャーナル</u>　「電子メールによって，書かれた文字ばかりか電話さえも徐々に消滅しつつあるが，このテクノロジーは，量とスピードだけではなく，質さえも変化させるようなパラメーターをそれ自身でもっている．物理学のような学問分野では，出版はまず最初に紙ではなくデジタルな形態で行われている．あまりよく知られていないようだが，人文科学でも数多くのアカデミック・ジャーナルがまず第一に電子的形態で，あるいは電子的形態のみで発行されている．コミュニケーションと出版に加えて，古文書・テクスト・史料といった研究のための資源も電子的な形態で入手することが可能になりつつあるのだ．このことは瞬間的なグローバル・アクセスを意味しているのだが，研究に際しての物質的条件を決定的に変えてしまうものでもある」と語っているのは

「情報様式論」で知られるマーク・ポスターである[5]。

　かつては，このような見解はいわば予見的なものとして語られることが多かったのであるが，学術の世界では今や日常的な事態となっているのである．実際，日本の文部科学省が学術情報の流通基盤の充実のために審議した「まとめ」では「インターネットの急速な普及は，さまざまな情報を，距離的制約を超えて容易かつ迅速に入手可能にするなど，学術研究の態様に劇的な変化をもたらしつつある．これは，プレプリント，テクニカルレポート，ファクトデータなど，今まで当該あるいは関係機関内での利用に限定されていたデータが，広く公開されるようになり，新しい研究領域の開拓が活発化しつつあることなどに表れている．

　学術論文については，その流通の中心的な役割を担ってきた学術雑誌（会員間の情報交換を主な目的とする学会誌を含む）の電子化が急速に進んでいる．電子化された学術雑誌は，「電子ジャーナル」とよばれ，「編集済みの論文を，印刷・製本することなく，インターネット上のサーバから購読者の端末に直接提供する．これは，頒布の迅速性，充実した検索機能，多人数での同時利用など，読者や投稿者にとっての利便性のみならず，印刷・発送等の省略による発行経費節減という出版社のメリットや，三次元表示・動画・音声等による新しい表現の可能性などにより急速に普及している」と指摘している[6]．

　引用の後半で触れられている「電子ジャーナル」こそ，今日におけるネットワーク出版の主役である．その萌芽は，インターネット普及以前の専用回線を経由した特定の利用者間のコンピューターネットワークにおいてみることができるが，インターネットの登場によって汎用性をもつものとなった．現在，世界で流通している学術雑誌のタイトル数は4万弱といわれているが，そのうちの半分以上を占める2万数千タイトルが電子ジャーナル化したと推測されている．

　電子ジャーナルの先駆的存在であるオランダのエルゼビア・サイエンス社は理工系と医学・薬学系の出版で知られる世界最大の出版社であるが，同社が発

行する約1,700タイトルのジャーナルをインターネット配信する「サイエンスダイレクト」というプロジェクトを商用化している．ここでは，収録論文の全文・抄録・書誌情報・画像データなどがデジタル情報で入手できるようにシステム化されているのである．

　エルゼビア・サイエンス社の電子ジャーナルはあくまでも紙を媒体とするプリント版の発行を前提にしていて，紙メディアから電子メディアにすべてを移行させてペーパーレスを実現しようとするものではない．読者のニーズに合わせて，ネットワーク配信による速報性の確保，ならびにテキスト・データとエルゼビア・サイエンス社のデータベース「サイエンスサーバ」へのアクセスを提供するのが狙いである．かつては少数の限られた読者・機関を対象とする先駆的な試みであった電子ジャーナルも，さきに掲げた数字にみられるように世の趨勢となってきたといえよう．

　ネットワーク出版とデータベース　先述のマーク・ポスターは，アカデミック・ジャーナル（学術雑誌）がまず第一に電子的形態（電子ジャーナル）で発信されるようになったことに加えて「古文書・テクスト・史料といった研究のための資源も電子的な形態で入手することが可能になりつつある」と述べているが，それはどのような事態を示しているのだろうか．古文書・古典的文献・史資料といった研究資源は，これまでは図書館・文書館・資料館・博物館などへ実際に足を運んで調査しなければならなかったのであるが，今日ではかなりのものがデータベース化されてインターネット経由でアクセスすることができるようになりつつある．

　たとえば，国立国会図書館の提供している「近代デジタルライブラリー」であるが，ここでは国立国会図書館が所蔵する明治期刊行図書を画像データベースとしてインターネット経由で公開している（平成15（2003）年9月現在，著作権保護期間が満了を確認した明治期刊行図書のほぼすべて，50,274冊を収録）．要するに，明治期に日本で出版された書籍のほとんどがインターネットで閲覧することができるのである．これまでは，国立国会図書館にしか収蔵されていないと分か

った書籍を閲覧するためには，東京の永田町にまで足を運ばなければならなかったのが，今日では自宅からインターネットに接続して画面をクリックするだけで閲覧することが可能になったのである．画面に表示されるのは，原本から作成されたマイクロフィルムあるいはマイクロフィッシュのデジタル画像なので，原本に直接接するのとは趣が異なることはいうまでもない．しかし，書籍によっては原本の保存状態が劣悪なために閲覧が禁止されていて，マイクロ化されたデータしか提供されないものもあることを考えれば，必要とする情報は確実に入手することができる「近代デジタルライブラリー」の価値は非常に大きい．

　このように古文書・古典的文献・史資料類が電子データとしてデータベース化されてインターネット経由で公開されていることは，ネットワーク出版のもうひとつの特徴である．マーク・ポスターが指摘するような電子メール・電子ジャーナル・データベースという新しい電子データの利用形態は，これまでの出版という概念を根本から覆すものである．電子出版という新しいメディアに向けた模索は，紙を媒体とする歴史的・伝統的出版形態を電子メディアに移植することから始まった．そこでは，紙媒体に印刷技術で情報を固定する手法を如何にして電子化するかということが課題であった．

　この模索は今日でも続けられている．書物に似せた読書端末，コンピューターのディスプレイを紙化する企画，あるいは閲覧ソフトを紙面表示と同じようにする，等々の技術開発もこの模索の一環であろう．しかし，伝統的な出版形態の一ジャンルとして確固たる位置を占めていた学術雑誌は確実に変化を遂げてきた．ここにおいて実現された変化は，他の出版ジャンルに影響を及ぼすのだろうか，それともこの変化は部分的なものとして留まるのだろうか．

（合庭　惇）

注

1）http://www.nua.ie/surveys/how_many_online/index.html

2) http://www.soumu.go.jp/s-news/2004/040130_1.html
3) 合庭惇『情報社会変容：グーテンベルク銀河系の終焉』産業図書，2003年参照．
4) 合庭惇「マルチメディア時代の出版」植田康夫編『現場からみた出版学』学文社　1996年　p.78以下参照．
5) Mark Poster, *Cultural History and Postmodernity : Disciplinary Readings and Challenges,* Columbia University Press, 1997, p.69．
6) 科学技術・学術審議会，研究計画・評価分科会，情報科学技術委員会デジタル研究情報基盤ワーキング・グループ「学術情報の流通基盤の充実について」（審議のまとめ）　平成14年3月12日，p.2．なお，この「審議のまとめ」はhttp://www.mext.go.jp/b_menu/shingi/gijyutu/gijyutu2/toushin/020401.htmにおいて公開されている．なお，プレプリント，テクニカルレポート，ファクトデータという文科系にはなじみにくい用語について「審議のまとめ」から引用しておく．「プレプリント」とは，「速報性を確保するため，著者自ら「印刷」し，仲間内で交換される投稿以前または投稿中の論文や予稿．これらを蓄積し，利用に供するシステムがプレプリント・サーバである」．「テクニカルレポート」とは，「研究成果を報告するために作成され，関係機関や研究者に配布される研究報告．速報性が求められる」ものであり，「ファクトデータ」とは，「実験，観測，計算等から得られる物性データや統計数値等のデータ」である．同書，p.16．

◆ eブック

§1 変化し続ける電子出版の定義

eブックの定義と範囲 電子出版（electronic publishing）が登場したのは1980年代半ばであるが，技術の進歩と社会との関わりの中で，その概念はいまだ定着することなく変化し続けている．ここでは，多様な見方のできる電子出版を，まず「文字・画像情報をデジタルデータに編集加工して，CD-ROMなどの電子メディアやネットワークにより配布する出版活動」と定義しておく．

1980年代はDTPによる「電子編集制作」や，CD-ROMなどによる「パッケージ系電子出版」が中心であったが，1990年代半ばにインターネットが普及したことで，現在では本の内容をもったデジタルコンテンツをインターネットを利用して配信する「ネットワーク出版」が主流になっている．

eブック（ebook）は，電子ブック，電子書籍と同義であり，一般にはネットワークにより配信される電子出版物（デジタルコンテンツ）を指すことが多い．パソコンでeブックを読むためのソフトウェアを「eブックリーダー」，読書専用端末を「eブック端末」と称するのが一般的であるが，ときには読書装置をeブックとよぶこともある．

日本ではeブックを狭義にとらえた場合，コンテンツの種類としては小説やエッセイなどの読み物，マンガ，写真集などの単行本を指す．一方，広義にはCD-ROMによってある程度の市場を確立した辞書，辞典などのリファレンス系電子出版物や電子辞書を含むこともある．また，欧米においては前節で詳述したようにネットワーク出版として，すでに学術電子ジャーナルが確立されている．その流れが単行本出版に押し寄せているのは日本と同様であるが，多くの一般書のeブック業者は，市場が成立するのを待てずに撤退している．

なお，メールマガジンやウェブマガジンは，字義どおりであれば雑誌内容をデジタル化しネットワーク配信していることになるが，読者から料金を取らな

い広告モデルであり，従来の出版市場とはビジネスモデルが異なっている．

デジタル化による出版の相対化　以上に述べた電子出版の定義では，出版概念を借りた定義となっており，説明の対象を説明の前提とするトートロジーともいえる．出版という枠組みを外して「デジタルコンテンツのネットワークによる配信」とすれば，それは何も出版の専売特許ではない．同じようなことを新聞社が行えば，「電子新聞」であり，放送局ならば「インターネット放送」である．それぞれ文字と音声と画像を統合したマルチメディアを目指した「デジタルコンテンツ産業」となる．本がデジタル化されることの重要な意義は，文字による知識の流通を中心的に担ってきた本が相対化され，知の編集や流通が読者にとってオルターナティブになっていることである．

　また，書籍をデジタル化したデータベースから，読者の要望によりオンデマンド印刷して販売するオンデマンド出版も「電子編集制作」の概念に含むことができる．ただし，今日ではDTPやオンデマンド出版などは，ITによる出版革命の独立した分野としてとらえ，「オンライン書店」同様，電子出版には分類しないのが通例である．

§2　eブックの歴史とeブックビジネス

eブックの販売サイト　日本での本格的なビジネスとして，eブック販売サイトの運営が開始されたのは1995年の「電子書店パピレス」である．一方で，1997年には著作権が切れた文芸作品を無料で公開した電子図書館「青空文庫」が開設された．ボランティアで運営されていたこともあって注目され，eブックを一般に認知させることにもなった．

　その後の動向としては，1999年から翌年にかけて，多くの出版社が参加し，通産省（現 経済産業省）からの補助金をえて行われた「電子書籍コンソーシアム実証実験」がある．eブックを短期間にマスマーケットにするもくろみが強く働き，出版産業の中心的な市場となっているマンガや文庫本のeブック化が優先された．その結果，eブックのデータ形式はスキャナによる画像データと

され，当時のネットワークインフラに比してデータ量が大きく，ダウンロードに時間がかかるなどの問題点があった．多くの出版社が参加してビジネスに継続することが望まれたにもかかわらず，この実証実験を通しては市場が立ち上がらなかった．

その後，2000年には文庫本出版社による「電子文庫パブリ」開設が特記される．データ形式をネットワークで配信しやすくするため，テキストデータ，PDF，XMLなどを用いて市場にみあった現実的な運営が行われている．

eブックの点数は，ネット販売サイトに限れば，1万5千点と推定され，市場規模も10億円程度のきわめて小さな売上げにとどまっている[1]．

2003年になって，大手電機メーカーが中心となり，出版社や印刷会社が参加したeブックコンソーシアムの結成や，eブック事業会社の設立といった動きがある．市場の活性化に期待されている．

出版社コンテンツとeブックビジネス　出版社が提供するデジタルコンテンツのネットワークサービスには，データベース，百科事典・辞書の検索サイト，ウェブマガジン，メールマガジンなどによる情報提供などがある．前節で述べたように学術電子ジャーナルは海外の大手学術出版社が図書館や大学・研究機関との直接契約で大きな市場を形成しているが，日本の出版社の参入はわずかである．データベースは農文協の「ルーラル電子図書館」などがあり，検索サイトには，小学館系のJapanKnowledgeや三省堂のWebDictionaryなどがある．

また，eブックの数少ない成功事例として，コンテンツを半導体メモリに収めた専用端末による「電子辞書」がある．電子辞書は1990年代初頭に出版社が提供した辞書コンテンツを搭載した専用機として登場した．その後，1990年代末に，安価な厳選収録型がテレビショッピングの人気商品として爆発的に売れ始め，さらに2000年代に入ってオリジナルな辞書名をつけたフルコンテンツ版が主流となった．

販売台数は2000年をピークに減少傾向であるが，平均単価が上がったこと

で売り上げは伸びており，2003年の市場規模は230万台，440億円市場と推定されている．[2] 従来は，主に家電ルートで販売されていたが，近年，学校向け販促が行われ書店も積極的に扱っている．

§3 デジタル技術で変化する出版環境

eブックにおける電子出版契約と著作者人格権　著作権法上ではアナログもデジタルも複製・複写に区別はないが，著作物の創作や出版環境はデジタル技術によって大きく変わっている．とくにeブックでは，出版社の対応に本質的な変化が求められている．CD-ROMは本と同様にパッケージ商品であり，その点では従来の物流と商習慣が適用された．しかし，パッケージの枠組みから自由になったeブックは，従来の印刷出版や流通販売の契約慣行がそのまま適応されるとは限らない．

著作権法第79条以下で規定されている「出版権」は，「著作物を原作そのまま印刷その他の機械的または科学的方法により文書または図画として複製する権利」(法第80条1項)であり，CD-ROMのような電子メディアやeブックは出版には適応されないという解釈が通例である．したがって，書籍の発行に際しての出版権の設定契約にはeブックは含まれない．さらに著作権者自身がネットワーク出版を試みることもあるので，著作権者との間でeブックに関する出版契約を結ぶことが重要である．

なお，eブック化される過程で，原著作物は多少なりとも加工・改変されることが避けられない．これは著作者人格権に関わる問題であり，著作者の了解を事前にとっておくことも必要である．たとえば外字の取り扱いでは，パッケージとして提供できたCD-ROMの場合は表現が可能であったが，テキストデータをネットワークで提供する場合は文字コードの制限もあって困難である．

eブックの著作権保護とネットワーク文化　eブックはデジタルデータであることから，従来の出版物以上に違法複写が問題となっている．それは，デジタルデータが「オリジナルとコピーに本質的な違いがない」「複写を繰り返し

ても劣化しない」「誰でも容易に複写ができ，かつ改変ができる」「インターネットの普及で同時多量に世界中に流通する」などの特徴を持つことによる．

　実際，インターネットでは文字，音楽，映像などの著作物の違法な交換が世界規模で日常的に行われている．一方，インターネットはリナックスやフリーウェアなどからもわかるように情報の共有化を推し進めてきた文化的背景がある．また学術情報はもともと公共財としての性格が強く，インターネット文化と親和性が高い．

　eブックビジネスでは，どのように著作権を管理し主張していくのか，そして学術文化の発展に寄与するために，いかにインターネット文化と協調しあって情報を共有していくのか，検討していく必要がある．

(植村　八潮)

注)
1) 出版科学研究所「電子書籍の可能性」『出版月報』2002年9月号　p.5
2) 出版科学研究所「電子辞書とその市場」『出版月報』2003年10月号　p.4

参考文献
植村八潮『所有する本，使用するeブック』ブッキング　2002年

Ⅵ 変貌する出版流通

§1 "モノ"としての出版

　出版とは「文書，図版・写真などの著作物を印刷術その他の機械的方法によって複製し，各種の出版物の形態にまとめ，多数の読者に頒布する一連の行為の総称．社会的コミュニケーションを本質的な機能とし媒体となるのが出版物である（『出版事典』）と記されている．つまり，紙による複製品であり，多数の読者に届けるところまでが出版である．

　出版とは何か，という問いに対して創作物，著作物あるいは文化であるというこたえがなされるが，出版の内容は，そのとおりなのであるが，ここでは，出版物つまり"モノ"としての定義がなされている．また，ユネスコによる出版物の定義は49ページ以上の定期刊行物以外で冊子体のものということになっている．これも形態的，発行別で出版物として扱っている．

　いずれにしても"モノ"として出版物をみているのである．

　1995年公正取引委員会が著作物としての出版物の再販制についての是非を問うた『中間報告』(1995年7月25日，再販問題検討小委員会・座長金子晃慶應大学教

授）も，出版をいわば"モノ"として商品経済市場の中で議論している．

出版物は"モノ"であることにはまちがいないが，同時に出版の定義にもあるように，創作物であり，著作物であるという商品特性をもっている．これをいわば"文化性"ということで他の"モノ"と区別して議論しようというのが出版関係者の立場である．20数年来続いている再販論議の基本的スタンスのちがいがある．

出版物の文化性と商品性　出版物の"文化性"と"商品性"の二面性の特性が他の商品と異なるのか，異なるとすれば何がちがうのかという議論が必要である．この点については，立場によって評価が分かれてしまう．

さて，出版物が，質量，形態という有体物であることを他のメディアと比較すると，電話，CATV，パソコンなどのように回線で伝送できないし，放送，通信のように電波として伝送できないというメディアの特性がある．つまり，飛んでいかないのである．また，印刷物であることから基本的には紙媒体だから，形態的にJIS規格に準拠している．水に弱い，火に弱いという紙の特性である点も認めざるをえない．もちろん，扱いやすい，安価，保存性に長けている．また，用紙がJIS規格であるということから，自ずと，媒体特性が規定されている．A判，B判の用紙から，より効率的に使用する出版物の形態であるA6判，A5判，B6判，B5判などの判型が決まっている．その判型に準拠するかたちで，出版物の生産，流通，消費が規定される．"モノ"としての出版物は，このような属性をもっている．内容との関係でいえば，出版物のイメージとして，A6判が文庫判として用いられ，B5判は週刊誌をはじめ雑誌であり，書籍では一般的にB6判が多い．学術書はA5判．B40判は新書といったように，内容と判型が自ずと決まっているといえよう．もっとも近年はA5変型，B5変型といったものも増えているが，基本的には用紙のJIS規格でその多くが製作されている．

流通もJIS規格　製作された出版物を流通段階でみると判型に合わせて整品しパッケージが行われる．その場合，判型，重量による効果的な箱詰め，そ

の箱をパレットに乗せ，配送される場合のパレットの大きさ——そして店頭に陳列されるときもJIS規格の棚に納められる．読者が出版物を買って書斎に並べる書棚もJIS規格といったように，"モノ"としての出版物は効率のために規格化されているのである．出版物が有体物であるから，規格化される．これが出版物の特性であり，生産，流通，販売上独自の流通システムとつくっている．

さきに，出版物は飛んでいかないといったが，現在出版界がかかえる課題はここにあるといってよいだろう．読者から，注文品が届くまで時間がかかりすぎる．同じような本しか店頭に並んでいないなど，流通段階に問題があるからだ．多品種少量生産物である出版物は年間約7万4,000点の新刊書籍が発行され，流通可能な書籍は，約65万点もある．そして，年間14億冊の書籍と46億冊の雑誌が市場に出回っている．1日約230点の新刊書籍が発行されているが，他の商品でこれほど多くの新製品が生産されるものがあるだろうか．質量ともに多い出版物の流通がスムーズにいかない原因がある．これも出版界が独自の産業であるとみることができる．

§2 出版流通のシステム

出版社が製作した出版物を読者のもとに届けるための配送をするのが取次会社であり，取次会社は，問屋的な役割を果たし，書店は販売する．この中で，取次会社の役割は出版流通の中で重要な存在である．

取次の歴史　取次会社の歴史は，1880年代に源をみることができるが1890年代に博文館直系の東京堂が創業した．その後明治期には，上田屋，北隆館，至誠堂などがあった．大正期になると定価販売，委託販売が行われるようになり，東京堂，北隆館などが活躍する．そして上田屋と至誠堂が合併し，大東館が創立．当時東京堂，北隆館，東海堂，大東館の4大取次が競い合っていた．その後，1941年に取次業務は統制会社・日本出版配給株式会社（日配）が設立され，戦時体制の出版配給体制が一元化した．つまり4大取次，全国の取次会

VI 変貌する出版流通

社が解散,統合された.戦時体制の出版流通は,日配によってすべて行われていた.

戦後1948年過度経済力集中排除法によって分割指定をうけ,翌年49年3月に閉鎖機関に指定された.その年には栗田出版販売をはじめ取次が再開業,秋には東京出版販売(トーハン),日本出版販売(日配),日教販,中央社などの4社が創業した.また,大阪屋,中部出版販売,九州出版販売,北海道図書,京都図書販売の5社の9社体制ができた.しかし,地方4取次(中部,九州,北海道・京都)は吸収合併され,現在の6大取次体制ができあがった.現在,日本出版取次協会に加入しているのは約35社.専門書をおもに扱う中小取次会社が神保町に集中している."神田村"と称され,独自な取次会社として業界が形成されている.しかし2003年に再開発されて神田村は変容してきている.また,地方出版社や小出版社の出版物を扱う地方・小出版社流通センター(76年創業)現在は店売部門「書肆アクセス」などがある.

取次会社という表現が一般的であるが,業界では慣用として「取次」といわれてきた.商品を仕入れて売るという問屋的なイメージよりも全国の書店に配送する(取次ぐ)ことからきている.しかし,その実態は,たんに取次ぐ機能よりも多様なものであることは事実.げんに東京出版販売は92年にCIをしてイメージを新たにするため株式会社・トーハンに名前を変えた.日本出版販売株式会社は総合文化商社だといっている.

取次会社の役割と機能　取次会社のの役割と機能は,まず第1に全国の書店に出版物を配送することである.実際,流通のカナメにあって独自の役割を果たしている.以下整理してみると,

① 物的流通機能　出版社から発行された出版物を書店に配送する機能である.年間新刊書籍7万点,14億冊,雑誌46億冊が配送されている.書籍の場合には,書店の販売実績に応じてコンピューターで管理されており,配本パターンによって処理,在庫管理などを行う.

② 商品流通機能　出版社,書店に対して販売,仕入れを代行する.つま

り書店に代金請求し回収して出版社に支払う金融的機能を行う．取次会社の金融機能は，出版社，書店の死命を制するといってもいいほどだ．

③　情報流通機能　　各種のデータの調査，分析をもとに商品マーケティング情報，出版情報を出版社と書店に提供する．

④　コンサルティング機能　　市場調査，書店出店や経営相談，書店員研修，出版社の経営コンサルティングなど．

このような機能をもつ取次会社の役割は，出版流通のカナメ的な存在である．とくに，トーハン，日販の2大取次会社はそれぞれ約2,600人の従業員，年商7,300億円前後と流通業全体の中でもトップクラスにランキングされるほどである．「取次」という言葉が示す以上の機能と役割で，その力はますます大きくなっている．約10数年前から，読者に直接その存在を示すような活動を行ってきている．

具体的には，取次会社が，インターネットを通して読者に出版物を販売するようになったこと（1999年），読書推進運動の事務局を担当し，推進役をつとめる（朝の10分間読書で04年現在，全国小・中・高校1万6,000校，生徒数600万人が参加している）．また，書店店頭でのブックフェア，児童への読み聞かせなど，書店へのサポートも積極的である．直接読者との交流もさかんになっている．独自の出版活動を行っている．数年来のインターネット時代からは，CD，CD-ROM，DVDなど出版物以外の商品群の取り扱いも多くなっている．近年映画やテレビへの共同企画への出資は，取次会社が，文化産業化の道を開拓していることのあらわれである．取次会社の変容といってよい．こうした取次会社の変容が出版社，書店に影響を与えてくることはたしかだ．出版界で出版社，取次会社，書店の3者を三位一体として相互協力，相互扶助的な意味での協力関係を保ってきているがそれも枠組が変わってきたといえよう．

そうした中で，公正取引委員会が指摘しているように，トーハン，日販の寡占問題があることも事実である．他産業が企業間競争が激しい中で，出版界特有の再販制度下における流通のあり方を問われているのである．

とはいえ，出版社にとって，取次会社の機能と役割は，自社の出版物を全国の書店に配本して代金を回収してくれる便利なシステムであることはまちがいない．ただし，取次間の競争が激しくなり，合理化，効率化のために，中小出版社，中小書店に厳しい取引関係や条件が強いられていることも否定できない．出版物が文化性と商品性の両面をもつ商品特性から，商品経済性だけを主張できないこともたしかだ．CI をして，出版物のみを扱うイメージから文化情報産業化の道を歩みはじめているが，インターネットの普及で，生産者（出版社）から直接読者に情報（出版物）が配送される時代がきているのが現在だ．こうした中で"物流"を担う取次会社にとって"中抜き"になるかもしれない時代の流れの中で，さきにものべたように，新たな対応をすすめている．

経営が厳しくなる書店　取次会社から配送されてきた出版物を販売するのが書店である．書店は，出版流通システムの中では，出版界の最前線に位置し，メインルートといわれ，全出版物の約 65％を販売している．書店は，大手のチェーン店のほか，地域の一番店など経済産業省の商業統計では，約 20,000 店が全国に散在している．このうち日本書店商業組合連合会に加盟しているのが約 8,000 店である．出版社が東京に集中（約 80％）していることからみると，全国津々浦々にあることが特色である．もっとも，出版文化産業振興財団の調査によると全国 2,581 町村のうち，書店も図書館もない町村が 42.4％もあるという．

『書店経営白書』によると 92 年の書店の平均売場面積は 20.5 坪であったが，2002 年では 50 坪と拡大している．これは，郊外型書店の増加と書店の出店競争による大型書店化による．02 年 1 年間に支店，新規出店を含め売場の増床は約 7 万坪に及んでいる．数年来続いている出店競争は，出版物の量的増大，テナント料の引下げ，集客力を見込んだデパートやビル経営会社からの誘いなどが背景にある．

郊外型書店の増加は，ロードサイドビジネスのひとつとして，地価が安いことから，駐車場を備え，営業時間が長い．出版物以外の商品（ビデオ，CD）な

ど複合化している．

　書店は定価販売と委託販売制のもとに大手中小を問わず増加している．書店は立地条件が優先し，スペース業であり，返品が自由で危険負担が小さく，小資本でもできるという特色があるからだ．だが，書店のマージンは定価販売の中でマージン率（平均22％）はよいとはいえない．小売業34種中32位（中小企業庁調査）と低い．一方，コンビにエンスストアの増加で，雑誌，コミック，文庫等の販売で競合して，書店経営が苦しくなってきている．書店は経営改善と生き残るためにマージンアップを出版社に要望している．

　また，宅配業者が出版物を扱うようになってその面からも経営環境が厳しくなっている．そのため，年間1,000店が転廃業を余儀なくされているという．

　今後，大型店化，専門店，複合店そして新規参入などで書店の世界も様変わりするだろう．書店は，インターネットを使った読者の直接注文や購入ルートの多様化によって大きな影響を受ける業種であることもたしかだ．

§3　出版販売物ルートの現況

定価販売と委託販売　出版界の現状をみる場合，出版物が創作物，著作物という文化的商品であること，また出版界が長い間，定価販売や委託販売を行ってきた歴史は80年も前の大正期までさかのぼることができる．戦後の1953年の独禁法の改正によって出版物が法定再販商品になってから，出版界は大きな発展を遂げてきたといえよう．すなわち，再販売価格維持契約（再販制）によって定価販売と出版社が取次会社，書店に商品を委託して販売する委託販売制（返品条件付買切制）の2つの制度が出版流通制度の基本的なものである．

　もし再販制度がなかったら，今日の出版界の発展はありえなかったであろうと思われる．その是非は後に述べるが，定価販売を基本にして出版社，取次会社，書店の関係が形成されているのである．取引関係，取引条件も定価販売がもとになっている．また，定価販売を前提に委託販売制が実施されている．この制度は，出版社，取次会社，書店が契約し，一定期間を定め，その間に売れ

表IV-1 委託期間と請求期日

	出版社―取次会社		取次会社―書店	
	委託期間	請求	委託期間	請求
書籍新刊委託	6カ月間	6カ月目	3カ月半 (105日)	翌月請求
月刊誌委託	3カ月間	3カ月目	2カ月間 (60日)	翌月請求
週刊誌委託	2カ月間	3カ月目	45日間	翌月請求
長期委託 6カ月以内	(例) 7カ月間 (8カ月目請求)	9カ月目	6カ月間 (7カ月目請求)	8カ月目
常備寄託 1年以上	(例) 1年1カ月 (1年2カ月目請求)	約1年3カ月目	1年間 (1年1カ月目請求)	1年2カ月目
延勘定 買切り扱い	(例) (3カ月延勘) (3カ月目請求)	4カ月目	(3カ月延勘) (3カ月目請求)	4カ月目

出所) 『出版営業入門』(社団法人日本書籍出版協会)

表VI-2 配本の形態

取次会社見計らい配本制	配本する書店とそれぞれの配本部数について，基本的に取次会社側の裁量に任せる方法．
全国指定配本制	書店，部数ともすべて出版社が指定する方法．単品別に指定する場合と，事前に取次会社に自社独自の複数の配本パターンを設定しておき，単品ごとに使用するパターンを指定する場合とがある．
部分指定配本制	委託部数を出版社指定分と取次会社裁量分に分ける，あるいは一部の書店のみ指定する方法．
申込配本制	書店が発売以前の新刊書案内などにより，あるいは，見本として極く少部数配本された現物を見たうえで，自店の見込販売部数を配本申込し，出版社はその部数を委託販売する．
注文買切制	申込配本制と同様にして各書店が仕入れ部数を決めるがこれを委託でなく買切扱いで注文する．

出所) 出版マーケティング研究会『書籍出版のマーケティング』(株式会社出版ニュース社)

なかったものを返品してよいということである。委託販売の歴史は古く，実業の日本社が『婦人世界』を委託販売したことに始まるといわれている。返品が自由の委託販売だから書店にとってはリスクが小さく，多くの出版物を店頭に並べることができるメリットがある。読者は選択肢が多くなるメリットがある。ただし，委託販売は出版物を過剰生産させることも否定できない。書店は安易に仕入れて返品量を増加させるデメリットもある。また，早期返品も多くなっている。出版物の委託の種類と委託期間を表Ⅵ-1，2にまとめた。

委託販売の種類と期間　委託販売には，次の委託がある。

① 新刊委託　新刊書籍を配本したもの。
② 長期委託　既刊本を出版社と書店が協議してテーマや季節に応じて長期販売するもの（6カ月が基本）
③ 常備寄託　出版社と書店が契約して種類・数量を決めて1年間寄託してもらい，売れた商品を補充すること。出版社の社外在庫になる。

この他に，買切品として返品しないことを条件に売買するもの。買切品には，注文品（客注品，店注文品），延勘品（仕入品の支払いを通常の代金請求を数カ月すえおく商品）がある。

以上が，流通上における出版物の取引形態と条件である。出版界の02年の年間売上額約2兆4,000億円がどのようなルートで販売されているかをみてみよう（『2003年出版物販売の実態とその分析』日販発行）。この実態分析は，安藤陽一（ニッテン主宰）が20数年前から継続して行っている。この中で推定額として紹介しているが，直販品，本以外の商品などの推定総額（定価）は約5兆円にものぼるという。

このうち取次，即売，キオスク経由金額が2兆4,000億円，出版社直販分総額が2兆6,000円ということになる。出版界で集計している総売上額の約倍が全体の売上になるわけだ。これほどの出版物が売れているということである。

表Ⅵ-3は，ルート別書籍・雑誌実販売額である。

表Ⅶ-3 最近5年間のルート別書籍・雑誌実販売額（1998〜2002）

販売ルート	1998年(H10) 販売額(億円)	構成比(%)	伸び率(%)	1999年(H11) 販売額(億円)	構成比(%)	伸び率(%)	2000年(H12) 販売額(億円)	構成比(%)	伸び率(%)	2001年(H13) 販売額(億円)	構成比(%)	伸び率(%)	2002年(H14) 販売額(億円)	構成比(%)	伸び率(%)
1. 書店ルート	17,851.73	65.3	▲3.8	16,781.45	65.7	▲1.8	16,432.90	65.3	▲2.1	15,916.50	65.1	▲3.1	15,875.79	65.1	▲0.4
※教科書ルート(全)	809.61		▲9.2	791.61		▲2.2	—		30.2	771.76		▲25.1	(1128.74)		46.3
取次経由額	(202.40)		(▲9.2)	(197.90)		(▲2.2)	(257.75)		(30.2)	(578.82)		124.6	(282.19)		▲51.2
直販額										(192.94)		▲75.0	(846.55)		338.8
※図書館ルート	(666.11)		(0.9)	(650.57)		(▲2.3)	(636.53)		(▲2.2)	(623.47)		▲2.1	(611.50)		▲1.9
2. CVSルート(全)	5,571.44	(21.3)	2.1	5,071.83	(19.8)	▲9.0	5,142.19	(20.5)	1.4	5,125.03	(21.0)	▲0.3	5,300.74	(21.8)	3.4
取次経由額	4,906.73	18.7	2.7	4,844.03	19.0	▲1.3	4,911.35	19.5	1.4	4,900.73	20.0	▲0.2	(5036.90)	20.7	2.8
その他	664.71	—	1.7	227.80	—	▲65.7	230.84	—	1.3	224.30	—	▲2.8	(263.84)	—	17.6
3. 間売ルート	2,382.58	9.1	▲1.7	2,317.91	9.1	▲2.7	2,232.52	9.0	▲3.7	2,119.53	8.7	▲5.1	2,024.16	8.3	▲4.5
4. 生協ルート	572.45	2.2	3.9	579.07	2.3	1.2	580.30	2.3	0.2	571.77	2.4	▲1.5	574.80	2.4	0.5
5. 鉄道弘済会ルート	501.90	1.9	▲4.7	465.10	1.8	▲7.3	447.90	1.8	▲3.7	443.40	1.8	▲1.0	383.50	1.6	▲13.5
6. スタンドで販売ルート	310.70	1.2	▲5.1	293.30	1.1	▲5.6	268.66	1.1	▲8.4	246.62	1.0	▲8.2	232.81	1.0	▲5.6
7. 輸出ルート	212.21	0.8	▲4.3	192.37	0.8	▲9.3	180.85	0.7	▲6.0	175.88	0.7	▲2.7	171.26	0.7	▲2.6
8. その他	200.00	0.8	▲1.0	75.00	0.3	▲62.5	70.00	0.3	▲6.7	70.00	0.3	0.0	70.00	0.3	0.0
計	26,172.90	100.0	▲2.3	25,548.23	100.0	▲2.4	24,124.48	100.0	▲1.7	24,444.43	100.0	▲2.7	24,369.22	100.0	▲0.3
書店経由販売額(含輸入額)	17,759.70		▲3.7	17,386.45		▲2.1	17,042.85		▲2.0	16,638.24		▲2.4	16,574.49		▲0.4
1. 書店ルート	17,085.73	65.3	▲3.8	16781.45	65.7	▲1.8	16,432.90	65.4	▲2.1	15,916.50	65.1	▲3.1	15,875.79	65.1	▲0.3
2. 輸入額(国内販売換算)	673.97		▲2.8	605.00		▲10.2	609.95		0.8	721.74		18.3	698.70		▲3.2

やはりメインは書店ルート　書店ルートは販売額でもっとも多く，02年は1兆6,500億円で構成比66.1％と前年比で，伸び率は横ばい．また，教科書（小学・中学・高校・特殊教育・教師用指導書が1,128億円のうち取次経由分282億円），図書館（公共，国立大，公立大，私立大，短大，高専）の図書購入費が611億円で合計1兆6,500億円となる．本は基本的には書店で買うものという読者の購入行動が端的にあらわれている．書店空間が人を呼び，本との出会いの場になっている．

輸出ルート　輸出額は書籍128.52億円，雑誌42.74億円，合計171億円となっており，前年比で2.6％減で構成比は横ばいである．輸入額は543億円．

日本の輸出入をみると，一般的には貿易でも明らかなように輸出大国である．貿易黒字が海外との摩擦を起こしている．しかし，出版物に関しては輸入超過国である．この傾向は昔から続いており，輸入文化としての出版物が日本に大きな影響を与えていることが分かる．

生協ルート　日本生活共同組合69億円，大学生協505億円，合計574億円で0.5％増，構成比2.4％，生活協同組合の場合にはカタログ販売が中心である．会員生協数580，組合員数2,200万人，大学生協は辞典や教科書，専門書などが多い．加盟大学225校，組合員数141万人．

スタンド販売ルート　スタンド販売232億円，卸売業者がスタンド業者に業務委託をしている．

CVSルート　このルートの全売上は5,300億円，伸び率3.4％増，構成比21.8％．取次経由が5,036億円，前年比2.8％増，構成比20.7％．このルートの伸び率は大きい．出版社はCVS向けの雑誌を創刊したり，CVSでの雑誌売上が50％を占めるものもある．単品管理がなされているので効率がいい．書店と競合して，少年マンガ週刊誌の早売り問題で書店側からクレームがつけられることが多い．雑誌中心ではあるが，最近は文庫，コミックスも扱う．24時間営業，若い人たちの利用を考えると出版物販売の場として今後も可能性は大きい．

最大手のセブンイレブンの売上額は1,600億円，ローソン820億円，ファミリーマート620億円，サークルK 313億円，サンクス275億円がベスト5位．

卸売ルート　2,024億円，前年比4.5％減，構成比8.3％，関東地区1,540億円，関西その他の地区483億円．

鉄道弘済会　383億円，前年比13.5％減，構成比1.6％．いわゆるキヨスクである．週刊誌を中心に文庫・新書などを販売している．数年来扱い高は大幅減少傾向にある．

<u>多様化する直販ルート</u>　これ以外に，直販ルートがある．

政府刊行物ルート　大蔵省印刷局発行分（4ルート），外郭団体と出版社分（7ルート）

新聞販売店ルート　朝日，毎日，読売新聞の販売店ルート，書籍については金額は小さいが，ベストセラーなどはこのルートで流れる．また，週刊誌を宅配しており，この金額も少なくない．

専門店ルート　①楽器店，②書道具店，③手芸店，④染色材料店，⑤カメラ店，⑥パソコンショップ，⑦スポーツ店，⑧旅行関係用品店，⑨自然食品，⑩園芸店

職域直販ルート，図書教材ルート，宗教書ルート，流派家元ルート，通販ルート，それぞれ独自の流通システムのノウハウをもっているが，売り上げの実態をつかむことは困難である．

また，ヤマト運輸の株式会社ブックサービスは，書籍の宅配を実施している．この販売ルートは，今後も伸びる可能性がある．

<u>インターネット書店ルート</u>　とくにインターネット書店に関しては，①出版社系，②書店系，③取次会社系，④運送会社系，⑤図書館流通系（bk1），⑥外資系，⑦古書店系など多様なインターネット書店がある．それぞれ独自の展開をしており，全体的な売り上げ額は不明であるが，年間約400億円と推計されている．今後このルートが伸びる可能性は大きい．

一方，02年頃から家電メーカー，印刷会社などと出版社が提携したり，合

併で電子書籍の製作に続々と参入して話題をよんでいる．電子書籍の販売は，インターネット上で選んでパソコンで読む方式，ダウンロードして，専用読書端末で読む方式，ケータイ電話で読む方式などがある．いずれも事業としてはこれからである．しかし，生産段階でデジタル化されているコンテンツをCD-ROM，DVD，インターネットといったメディアに変換することが容易になる中でこの分野が新たな市場になる可能性があることもたしかである．

ITの進化が出版物流通の多様化，新たな市場創出に影響を与えるだろう．

章のまとめと今後の課題　出版流通システムの問題点は次章の再販問題でもふれているが，出版物の量的拡大に対してその処理が十分でないところにある．また出版をとりまく環境の変化も見逃せない．90年代から新古書店が進出（推定1500店），マンガ喫茶の続出，CVS店舗の増大（4万店）がある．つまり流通の多様化がすすんでいる．とりわけIT化の進化の中で，コンピューター，ケータイ電話の増大化が出版物の生産・流通・消費に大きな影響を与えている．とくに注目されるのが，電子書籍の新たな展開である．有体物である出版物は飛んでいかないが，電子書籍は"飛んでいく"これらが今後どのようになるかは未知数ではあるが，普及していくことはたしかだ．これらが現行の流通システムに多大な影響を与えることだろう．

それに，出版社，取次会社，書店の業界三者の取引関係，取引事件，商慣行が従来のままでよいのか．いわば"構造改変"が必要な時代になった．

出版界の売上げが96年をピークに前年割れをつづけている．列記すると，以下のようになる．97年0.3％減，98年2.3％減，99年2.3％減，2000年2.1％減，01年2.7％減，02年0.3％減，03年も3.2％減となり，減少率がいちばん高くなっている．

にもかかわらず新刊点数は右肩上がりで増加している．99年6万2,621点，00年6万5,065点，01年7万1,073点，02年7万4,259点と，一日平均230点の新刊がでていることになる．売上げ金額でみると，96年をピークに減少しており，02年の金額は2兆4,300億円まで落ち込んで93年とほぼ同水準で

ある．

　それは，いままでのべてきたように，03年の出版界が7年間の前年割れをつづけている背景があるからだ．以下，最近の出版界の動向を総括的にまとめてこの章の結びとしたい．

　数字で見ると出版界が厳しく推移していることがよくわかる．返品率は，つねに約40％と高く，売り上げが落ち，しかも新刊点数が多いのは，いわば自転車操業的生産に原因があることはいうまでもない．別のいい方をすれば，悪循環に陥っているともいえる．

　このように厳しい出版界であるが，出版社の倒産はあまり聞かない．じっさいに倒産に追い込まれた出版社は少ない．中小出版社は，自社でだしたい出版物をだすことに情熱をそそいでいるわけだ．恒常的に出版活動をしている出版社は約3,000社ある．そのうち上位100社で売り上げの63％，300社では80％のシェアをもっている．

　取次会社は㈱トーハンと日本出版販売の2社で約70％のシェアを占めている．いわば寡占状態にある．出版流通のカナメにあって出版社と書店に対して大きな力をもっている取次会社の役割は大きい．その取次会社も時代の変化の中でさまざまな，新たな取り組みをはじめている．その中で，競合が激しく，数年間に，専門書を中心に扱う鈴木書店，北隆館書店，柳原書店，日新堂書店といった中小取次会社が消えた．

　書店は全国に遍在している老舗大手書店と，文教堂，TUTAYA，ジュンク堂書店など新興のチェーン店の参入で書店地図は変化している．新興の伸び率は高く，そのもとで中小書店の転廃業が続出して，年間約1,000店が消えている．日本書店商業組合連合会に組織化されている書店数はその10年で半減して8,000店弱までに落ち込んだ．書店の転廃業の背景にあるのが，コンビニエンスストアの店舗数の拡大である．コンビニには雑誌や一部のコミック，新刊文庫を販売しており書店と競合している．全国40,000店のコンビニは，顧客

管理と単品管理をしており，雑誌の品揃えと販売ロスが小さいことが特色だ．すなわち，返品率も低く，効率販売をしている．雑誌やコミック，文庫を中心に置く小さな書店が厳しくなるのは当然である．

こうした中で，全国的にも知られている，地域の一番店といわれる老舗が消えている．03年では，池袋の芳林堂，銀座の近藤書店本店，札幌の冨貴堂，名古屋の日進堂書店，岐阜の大衆書房などである．

ただ，大手書店も新たな展開をして，500坪，1,000坪の大型店を出店し，新興勢力に対抗している．これらの出店数を合わせると，全国の売り場面積は減少しておらず，横ばい状態である．

一方，目立っているのが，リサイクルの新古書店．全国に約1,500店ある．代表的なのがブックオフ．新刊同様の本が50％，70％オフで購入できることから評判をよび店舗数を伸ばしている．

また，マンガ喫茶の続出も見逃せない．全国に数千もあるといわれ，マンガを買わずに読む客が増えている．

読者と本との出会いの場といえば公共図書館の影響もある．無料で本を借りて読むことができるからである．02年の調査によると，年間の貸出し量は5億3,000万冊にのぼる．図書館の貸出し量が具体的に購入に影響していることの数値はないが，少なからず影響していることは事実だろう．ただ，図書館の利用によって読者の層を広げている現実もある．したがって，図書館は新しい読者の開拓に寄与しているといえるかもしれないが，異論もあろう．げんに，日本文芸家協会などが図書館を無料貸本屋と位置づけ，図書館貸出しによって本来買われる本が無料で貸出されているために損失をこうむっているとして，対価を要求する動きが02年頃からでてきている（貸与権，公貸権を問題として議論が盛んになっている）．

いまや出版界は生き残りをかけた試行錯誤をしているわけだが，抽象的ではあるが，出版業界が取り組むべき課題がある．出版界は新聞，レコード業界と同様，再販制度による定価販売と委託販売の2つの制度によって戦後発展して

きた．公正取引委員会が再販制度の廃止を主張してきたが，業界との十数年にわたる協議の末01年に存続が決まった．ただし，公取委は，再販制度の存続のいわば条件として，以下のような課題を提示している．それは，①時限再販・部分再販制度の運用の弾力化，②各種割引制導入等価格設定の多様化，③再販制度の利用・態様についての発行者の自立性の確保，④サービス券の提示等小売業者の消費者に対する販売手段の確保，⑤通信販売，直販等流通ルートの多様化及びこれに対応した価格設定の多様化，⑥円滑，合理的な流通を図るための取引関係の明確化・透明化その他取引慣行上の弊害の是正

以上の是正6項目を具体的にどのように実現するかが，出版界が実施すべきことであると思う．

なぜ，是正6項目にこだわるかといえば，出版界は長い歴史の中で，出版社，取次会社，書店のそれぞれの関係性，取引条件，商慣行が硬直化しており自由な出版活動ができない状態にあるともいえる．それを変える必要があると思うからである．

§4 再販制の現在

再販制度は現在の出版流通の基本的な制度である．戦前から定価販売は実施されてきた．しかし，それが制度として成立するのは1953年以降のことである．再販制と委託販売制によって，戦後の出版界は成長し，現在にいたっている．再販制が問題化してくるのは70年代に入ってからのことである．それは，再販制が出版界に特別に認められていることに対して他業種からの批判がでてきたこと，再販制が時代変化（高度経済成長の中で，消費者からなぜ自由競争ができないのかとの問題提起）の中で制度疲労をおこしているとの指摘がなされたことがあげられる．出版界は成長の波にのって伸長していた（この間に73年のオイルショックがあったものの出版界だけは右肩上がりであった）．こうした中で78年に再販制への見直しがおこった．理由はいくつか考えられる．成長経済下の中で国が流通産業全体の見直し，当時"流通業は暗国大陸"といわれるほど行政にとっ

ても全体の把握がむずかしい状況にあったようだ．そうした背景の中で再販制の見直しがはじまったのである．01年に「当面再販制の存置」が決まったが公正取引委員会からの出版界への要請がある．本章の後半に掲載している6項目の是正である．この6項目は98年3月に提示されたものであった．6項目をいかに実現するかが，業界の課題であるといってもよい．それをうけて，再販制の運用が議論されてきた．いわゆる弾力的運用のあり方論である．これを実施することが，再販制を維持することの前提といってよい．その後，弾力的運用のためのルールづくりをしている．出版流通改善協議会から『読者のための出版流通―出版流通白書―再販制度の弾力運用レポート』を毎号刊行してきている．再販制存置以後の出版界の課題が記録されている．

また03年に，公正取引委員会のよびかけで出版4団体，主婦連，出版流通対策協議会，自由価格本販売業者，有職者らによるラウンドテーブル「読者のための出版流通」が5回開催された．ここでは，再販制を前提にした再販制の運用がどのようになされているかの議論と今後の課題を見いだす会議であった．再販制のメリット，デメリットがあることは事実だ．業界関係者の中には，再販不要を主張する人たちがいることもたしかだ．本章では，再販廃止をめぐる過去の論議をまとめる．"水か空気のような再販制"といわれたこともあったが，出版をとりまく厳しい環境の中で，いま，再販制を論じ考えることは"出版とは何か"を問うことと同義であるともいえる．再販制度とは再販売価格維持契約の制度化されたもの．再販維持契約とは生産者が商品の販売価格を決めてそれを卸や小売りに守らせること．つまり定価販売を実施させることである．本来これは独占禁止法上では違法なのであるが，出版物は適用除外となっている．

なぜ適用除外になっているのかの理由は明確ではないが，再販議論の中でさまざまな意見がある．以下独禁法にそって出版物の再販制をみていく．

独禁法の適用除外 1953年に独占禁止法が改正されて適用除外とされた．つまり，法定再販（著作物として書籍，雑誌，新聞，レコード）になった．独禁法第

二四条の二の②に，一，当該商品が一般消費者により日常使用されているものであること．二，当該商品について自由な競争が行われていること，の条件が必要である．ただし，第二四条二の⑤では，法律の規定に基づいて設立された団体の場合定価販売をしなくてもよいことになっている．それは，国家公務員法，農業協同組合法，消費者生活協同組合法，労働組合法など 11 の団体が法律に基づいて設立された団体があがっている．大学生協や市民生協が値引き販売を実施しているが，これは法的な根拠によっているわけだ．しかし，これに対して，1956 年には書店組合がこの例外規定に反発し，公正取引委員会に撤廃の陳情書を提出したこともある．実は，96 年 7 月に医学書の出版社と医書専門販売店が再販制の維持声明とともに第二四条の二の⑤の撤廃要求をした．このような要求は意外であったし，議論すべき問題であると思う．

再販制の歴史をたどると，戦後の出版の過程がわかるが，ここでは，公正取引委員会が再販制の廃止をいいだした 1978 年以後について言及してみる．

再販制の見直し発言　1978 年 10 月当時の公正取引委員長が「再販制の見直し」の理由は，①本の定価が高い，②注文しても入手するまで時間がかかりすぎる，③店頭には同じような本しか並んでいない，④返品を見込んだ定価づけをしている，⑤返品率が高く，断裁をするので資源のムダ，⑥書店員の商品知識が乏しい，⑦大手，中小の格差が大きい，といった指摘がされた．これは出版界の問題点を突いている．指摘の背景には再販制があるために流通の寡占化や差別的な取引が行われているというのである．再販制をやめて自由競争にすれば，問題が解決するという見解である．

これに対して出版界は，再販制は，水か空気のように当り前と思っていたので再販制の廃止は流通に混乱が起こると反発した．

当時，出版界の反論は，①定価販売ができなくなると流通が混乱する，②流通の寡占化が進み，より強くなる，③中小出版社の経営が成り立たなくなる，④読者にとって価格が店によって異なるのは不利益だという主張であった．

こうした中で公取委は，79年11月に「出版物の取引実態調査の概要」を発表した．そこには大手流通の寡占は認められるが，その弊害は少なく，全国的な配送のメリットが大きい．また，再販制の運用が硬直的などと指摘していた．

そして公取委と出版界の協議の結果，80年10月から新再販制が実施された．

新再販制とは，再販本には「定価」の表示をしなければならないこと，それまで¥，価などと表示していたものは，再販本と認められない．「定価」表示をしないものは自由価格になる．また「定価」表示をして発行しても，一定期間を経たもので「定価」を抹消すれば非再販本すなわち自由価格本（時限再販本）と最初から自由価格で発行することができる部分再販を決めた．

時限再販には一定のルールをつくり，再販制の弾力的運用ができることになった．だが出版社は非再販本を積極的にはださなかった．見直し発言をした橋口公正取引委員長が率先垂範して自著『美のフィールドワーク』（創世記）という非再販本をだしたことが知られている．

出版界は，何度か非再販本をだすフェアを行った．だが，これは公取委向けのデモンストレーションでしかなかった．出版社は，非再販本をだしたくなかったのである．それ以後約10年間，出版界は再販問題に関してはほとんど関心を寄せなかったという経緯がある．

そうした中で，91年7月に政府規制等と競争政策に関する研究会（座長・鶴田俊正専修大学教授）が「独占禁止法適用除外制度の見直し」の中間報告を発表した．

91年の見直し　内容は，

① 独禁法は再販が認められている著作物の範囲を法の目的及び再販を適用除外とした趣旨に照らして限定的に解されるべきで著作権法上の著作物と同一に解する必要はない．② 再販制が，広くしかも安く書籍，雑誌を消費者に提供する機能を果たしているか，また新しい流通形態の出現・発展を妨げることにならないか，今後とも実態把握に努めるとともに，消費者の利益の観点から事業者の行為を監視する．③ 自主的な判断により値引きを可能とする部分再

販，時限再販の実施をはかろうとする出版社に対して圧力が加えられる等の行為があれば，公正取引委員会は，厳正に対処すべきである．というものであった．この見直しによって，出版界は再び再販問題に取り組むことになる．以後，再販問題に関する動向を年を追ってまとめると，次のようになる．

92年4月

公取委は「レコード盤，音楽用テープ及び音楽用CDの再販適用除外の取扱いについて」および「レコード盤，音楽用CDの再販適用除外の取扱いに関する公正取引委員会の見解」を公表．

① 独禁法上，再販適用除外が決められる著作物の取扱いを明確にするため，法的安定性の観点から立法措置で対応するのが妥当であること．

② 今後，再販適用除外が認められる著作物の範囲について幅広い角度から総合的な検討に着手すること（同年11月からレコード業界は，発売後，2年間の時限再販を実施した）．

94年1月

公取委，「出版取次業の市場構造に関する実態調査」を実施．

同年2月

閣議で「平成6年度行革大綱」を決定．

「個別法による適用除外カルテル等制度について，5年以内に原則廃止する観点から見直しを行ない，平成7年度末までに結論を得るとともに，再販売価格維持制度についても，同様の観点から見直しを行ない，再販指定品目については平成10年末までに，全ての商品の指定を取り消す方向で見直しを進める．」

同年10月

池袋ブックセンター・リブロでバーゲンブックフェア開催．

出版社の実行委員会主催で「再販制を守るため」をスローガンに出版社に呼びかける．これが契機になり，業界内に再販論議が起こる．

流通産業研究所木下修主任研究員の再販制に関するセミナーが開かれ，再販制廃止の危惧を出席者一同感じる．再販論議高まる．

同年12月

渡辺書協理事長，田中雑協理事長らが再販制問題で公取委を訪問．

書協流通委員会内に，雑協からの委員を加え「再販問題ワーキンググループ」(菊池　明郎座長) を設置．出版社としての見解，対応策等の検討を始める．

「中間報告」の公表と反省　　以上のような流れの中で，95年7月25日に公正取引委員会の諮問機関で再販制度の見直しを検討していた「再販問題検討小委員会」(座長・金子晃慶應大学教授) は，「再販適用除外が認められる著作物の扱いについて」の中間報告を公表した．同時に，公取委が1993年から実施していた「書籍・雑誌の流通実態報告書」「一般日刊新聞紙の流通実態等に関する調査報告書」「レコード盤，音楽用テープ及び音楽CDの流通実態等に関する調査報告書」も公表した．この中間報告は，業界にとって予想以上に厳しい内容であったことから，大きな波紋をよんだ．日本書籍出版協会・日本雑誌協会・日本新聞協会，労組の新聞労連，出版労連，そして新聞協会，書協・雑協，文部省 (現文部科学省) などで構成される「活字文化懇談会」などがいっせいに反対の声明などを発表した．とりわけ「活字文化懇談会」は新聞紙面で活字文化の必要性についてキャンペーンを開始．一般紙も各社各様の再販維持の記事を掲載した．

再販制維持を主張する側は，次のような再販制のメリットをあげている．

- 「出版物の多様性の担保」(出版社は売れ筋以外の出版物も発行でき，読者は多様な選択ができる)
- 「購買の利便制の確保」(再販制下の委託販売制が全国多数の書店経営を可能にしており，それが読者に利便制となっている)
- 「価格の安定」(安売りに備えて表示価格を高く設定する「見せかけ価格」などの混乱要因を排除できる)
- 「地方も都会も同一価格」(輸送コストのかかる地方でも都会と同一料金で出版物

を購入できる）

などを読者にとって再販制が有用であることを強調し，再販制がなくなると，「価格が高くなる」「売れ筋商品中心で多様な言論が出にくくなる」「流通が混乱する」「寡占化がすすむ」「中小の経営が成り立たなくなる」などの問題点をあげている．

「中間報告」の内容

「中間報告」の中で，出版物については，

- 再販契約の実施は本来小売業者の自由であるが，実際には取次主導での運営の傾向．小売業者が団体として出版業者に取引条件の変更を要請するなどの協調的行動．
- 消費者からの注文を処理する時間が長く，店頭での説明も不十分．
- 団体・取次の主導による再販制度の運用により，部分・時限再販がほとんど効果を挙げていない．
- 返品・再出荷を経た売れ残りの廃棄率が相当の水準に上がっている．

「定価販売の慣行・非代替制」については，

- 指定再販商品を幅広く認めることとの均衡上，定価販売の慣行があったものについては再販適用除外を許容するとの当時の考え方は，現時点において説得力がない．また，このような慣行が長く続いてきたことは，むしろ弊害を助長する要因．非代替的な商品である書籍等では，異なる書籍等の価格競争が制約されるので，むしろ同一書籍等についての流通業者間の価格競争が重要．

「店頭陳列・品揃え」に関しては，

- 消費者は必要な書籍を書店店頭で入手することが難しいとの認識を示している．また注文して入手するまで時間がかかるため大型店で購入せざるを得なくなっている．中小書店が多いため，販売スペース上配送された書籍を長時間陳列することができず，早期の返品が一般的．書籍一点当たり平均発行部数が全国書店数を大幅に下回っており，書店では多くの書籍が行き渡ることは困難．

多種類の書籍等で広範囲に普及される体制を維持するとの点について，

① 文化水準の維持に貢献している商品は他にもあり，文化に係る商品の発行・販売業者を保護するというだけでは，直ちに制度維持の理由にならない．

② 価格競争によって品質が劣化するという点は，消費者がそのニーズに応じて選択することが市場メカニズムの働きであり，再販制度の廃止と品質劣化とは直ちにつながるものではないと考えられる．

③ 文化の普及ということは，再販制度により消費者が現実に商品を購入する機会・便益が確保されているかとの観点から考えられるべきである．

文化の公平な享受のために全国同一価格を維持するとの考え方について，

① 都市部と地方とで供給するコストにいちじるしい格差が生じていた時代とは異なり，現在，文化の公平な享受を妨げるほどの価格差が生じるかは疑問がある．

② 商品の内容や付随サービスが異なるにもかかわらず，価格が同一であることが公平な享受といえるかは疑問がある．

③ 情報化が進展している中で，消費者がさまざまな媒体を通じて得る情報を総体としてみて実質的に文化享受の機会の公平であれば足りるのではないか．

④ 本来低コストを享受しうる地域の消費者に，制度をもって他の地域のコスト転嫁を強制すべきかどうかについては疑問がある．

<u>現行再販制の運用</u>　以上が「中間報告」の内容だが，この報告は，「理論的」側面から分析したものであることを強調しているが，ある意味では，理論と現実の差異が，現状分析で業界との見解を異にしている点である．

中間報告について逐一反論しているわけではないが，基本的な視点のちがいがでている．

「本報告書が実態に踏み込まないで一般的商品の原則論に基づいて基本的見解を表明したに止まっている」，「再販制度の果たしてきた読者メリットと文化的役割が洞察されず正当に評価されていない」，「再販制度をなくしたらどのような事態になるかの検証がなされていない」（書籍・雑協の談話）

「充実した多種多様な新聞，書籍，雑誌を，全国同一の価格で迅速，確実に入手できる現在の制度は，消費者利益に合致」，「書籍，雑誌の価格上昇率は，消費者物価指数の上昇に比べてかなり低く，『物価の優等生』と評価されている」，「新聞，書籍，雑誌の活字文化メディアは，国民の文化水準の維持にもっとも貢献する基幹的メディアである．多メディア，多チャンネルの時代だからこそ，信頼のおける活字メディアの役割が重要になる」（活字文化懇談会の見解）という具体的な反論もある．

1995年7月27日の行政改革委員会規制緩和小委員会が「規制緩和に関する論点公開」を公表．この中でも「著作物の再販売価格維持制度の見直し」を行なっている．規制維持の意見と規制緩和の意見を併記している．ここでも再販制については"廃止"の方向であった．ただ，出版・新聞関係者の反発があったため12月に"原則廃止"の文言を削除した．ところが，96年7月25日に再び同委員会がまとめた「論点公開」の中では"廃止すべき"といちだんと厳しくなっている．

規制緩和の「論点公開」　今回新たに加わった「商品特性」では，独禁法第二四条の②を違法とし，「書籍雑誌についてのみ例外扱いすべき程の商品特性はない」．また「出版者間，作家間の競争原理が働いていることを認めたうえで，「小売り段階の書店の価格競争だけを制限する理由はない」と否定している．

出版界は，95年の「中間報告」が公表される前と後では対応が大きく違った．「中間報告によって，再販制が廃止される懸念をいだいたからである．同年の12月には日本書籍出版協会と日本雑誌協会は「出版再販制度の必要性――『中間報告』への反論」を，日本出版取次協会も「日本の出版流通と再販制度について」，日本書店商業組合連合会「再販問題検討小委員会中間報告に対する意見」，活字文化懇談会は，「著作物の再販制度の役割と意義」また，出版・新聞関係の労組も中間報告への反論の文書を公取委に提出した．

廃止の危機意識が高まっている中で，出版界としては，公取委が主張するよ

うに，読者にメリットのある流通の改善を求められた．

しかし，79年の再販見直し，91年の鶴田委員会，そして95年の金子委員会の中間報告に対して，十分な反論ができているのだろうかという疑問がないわけではない．再販問題は流通問題であるという認識が欠落しているようである．再販と流通を分けて考える関係者もかなりいるようである．

「中間報告」は取次会社をはじめ流通への批判であり，現行再販制の運用の是非であった．流通の寡占とその弊害（79年の調査では弊害よりも全国的配送のメリットが認められてはいたが）など流通問題の解決が課題である．

再販制に対する出版社，取次会社の対応も一見，同様のようであるが，個々に聞いてみると必ずしも足並みが揃ってはいない．

その後，公正取引委員会との協議が何度も行われたが，01年3月に公取委は「著作物再販制度の取扱いについて」を公表．以下全文を掲載するが，この末尾に「公正取引委員会としては今後とも著作物再販制度の廃止について国民的合意が得られるよう努力を傾注するとともに，当面存置される同制度が硬直的に運用されて消費者利益が害されることがないよう著作物の取引実態の調査・検証に務めることとする．」とある．本章の冒頭に書いたように，再販制が永遠に存置されるわけではない，ということだ．それは，「関係業界における取組状況」に掲げてある是正6項目の現実化がどうなされるかにかかわっているといってよい．

以下，再販制存置の公取委文書「著作物再販制度の取扱いについて」と「関係業界における取組状況」（是正6項目についての公取委の見解）を掲載する．

著作物再販制度の取扱いについて

平成13年3月23日
公正取引委員会

公正取引委員会は，著作物の再販適用除外制度（以下「著作物再販制度」という．）について，規制緩和の推進に関する累次の閣議決定に基づき，独占禁止法適

用除外制度の見直しの一環として検討を行ってきた．その中で，平成10年3月に，競争政策の観点からは廃止の方向で検討されるべきものであるが，本来的な対応とはいえないものの文化の振興・普及と関係する面もあるとの指摘があることから，著作物再販制度を廃止した場合の影響も含め引き続き検討し，一定期間経過後に制度自体の存廃について結論を得る旨の見解を公表した．

これに基づき，著作物再販制度を廃止した場合の影響等について関係業界と対話を行うとともに，国民各層から意見を求めるなどして検討を進めてきたところ，このたび，次のとおり結論を得るに至った．

1 著作物再販制度は，独占禁止法上原則禁止されている再販売価格維持行為に対する適用除外制度であり，独占禁止法の運用を含む競争政策を所管する公正取引委員会としては，規制改革を推進し，公正かつ自由な競争を促進することが求められている今日，競争政策の観点からは同制度を廃止し，著作物の流通において競争が促進されるべきであると考える．

しかしながら，国民各層から寄せられた意見をみると，著作物再販制度を廃止すべきとする意見がある反面，同制度が廃止されると，書籍・雑誌及び音楽用CD等の発行企画の多様性が失われ，また，新聞の戸別配達制度が衰退し，国民の知る権利を阻害する可能性があるなど，文化・公共面での影響が生じるおそれがあるとし，同制度の廃止に反対する意見も多く，なお同制度の廃止について国民的合意が形成されるに至っていない状況にある．

したがって，現段階において独占禁止法の改正に向けた措置を講じて著作物再販制度を廃止することは行わず，当面同制度を存続することが相当であると考える．

2 著作物再販制度の下においても，消費者利益の向上につながるような運用も可能であり，関係業界においてこれに向けての取組もみられるが，前記の意見の中には，著作物再販制度が硬直的に運用されているという指摘もある．

このため，公正取引委員会は，現行制度の下で可能な限り運用の弾力化等の取組が進められることによって，消費者利益の向上が図られるよう，関係業界に対し，非再販商品の発行・流通の拡大，各種割引制度の導入等による価格設定の多様化等の方策を一層推進することを提案し，その実施を要請する．また，これらの方策が実効を挙げているか否かを検証し，より効果的な方途を検討するなど，著作物の流通についての意見交換をする場として，公正取引委員会，関係事業者，消費者，学識経験者等を構成員とする協議会を設けることとする．

公正取引委員会としては，今後とも著作物再販制度の廃止について国民的合意が得られるよう努力を傾注するとともに，当面存置される同制度が硬直的に運用されて消費者利益が害されることがないよう著作物の取引実態の調査・検証に努

めることとする．

3 また，著作物再販制度の対象となる著作物の範囲については，従来から公正取引委員会が解釈・運用してきた6品目（書籍・雑誌，新聞及びレコード　盤・音楽用テープ・音楽用CD）に限ることとする．

関係業界における取組状況

　公正取引委員会による著作物再販制度の運用の是正措置の求めに応じ，平成10年4月以降，関係業界においては，以下のような取組がみられる．
　○時限再販・部分再販制度の運用の弾力化
　○各種の割引制度の導入等価格設定の多様化
　○再販制度の利用・態様についての発行者の自主性の確保
　○サービス券の提供等消費者に対する販売促進手段の確保
　○通信販売，直販等流通ルートの多様化及びこれに対応した価格設定の多様化
　○円滑・合理的な流通を図るための取引関係の明確化・透明化その他取引慣行上の弊害の是正
　上記について，関係各業界の主な取組状況は，以下のとおりである．

1　時限再販・部分再販等再販制度の運用の弾力化
（書籍・雑誌）
　○一部の出版社が，再販商品として発行された商品を一定期間経過後非再販化したり，一定の期間非再販化し，これらの商品について，出版社，取次及び書店（インターネット上の書店を含む．）のそれぞれが単独又は共催で値引販売のセールを実施したり，一部の書店で常設コーナーを設置して値引販売する動きがみられる．
　○一部の出版社が，しかけ絵本，実用書等の商品について当初から非再販商品として発行したり，週刊誌・月刊誌，年鑑，時事用語事典等の需要期間が比較的短い商品について当初から時限再販期間を設定して発行する動きがみられる．
　○関係業界において，本年4月以降，再販制度の運用の弾力化等が一層推進されるよう，出版社向けの手引を作成する．
　　　　　　　　　　　　　（中略）
2　各種割引制度の導入等価格設定の多様化
（書籍・雑誌）
　○雑誌については，出版社において，月刊誌等の年間購読者等を対象に，前払割引定価の設定，図書券の提供，送料の無料化等のサービスを実施する動きがみられる．

　　　　　　　　　　　　　　　　　　　　　Ⅵ　変貌する出版流通　101

　○書店において，書籍・雑誌の図書館納入・大量一括購入・長期購読・外商等の
　　場合に値引きを行う例がみられる。また，関係業界において，平成13年4月
　　以降，これらの値引きが再販制度の下でも実施可能であることを確認する。
　　　　　　　　　　　　　　　（中略）
3　再販制度の利用・態様についての発行者の自主性の確保
（書籍・雑誌）
　○これまで業界で再販契約違反に対する措置の助言機関としての機能を果たして
　　いた再販売価格維持契約委員会を改組し，平成12年1月以降，同委員会を出
　　版再販研究委員会として，著作物再販制度の弾力運用等について調査研究・広
　　報を行う組織に衣替えした。
　○関係業界において，非再販商品の発行・流通が容易に行われるようにするため，
　　平成13年4月以降，以下の取組を実施する。
　　①　再販契約書のひな型及びこれに沿った再販契約書について，出版社が再販
　　　商品として発行した商品を非再販化する際の取次への通知義務を削除する。
　　②　出版物の価格表示自主基準における非再販商品の表示方法を緩和・簡素化
　　　する。
　　③　取次において，再販商品と非再販商品との間に差異を設けることなく取り
　　　扱うことを明らかにするなど，非再販商品の取扱方針を明確化する。

4　サービス券の提供等消費者に対する販売促進手段の確保
（書籍・雑誌）
　○書店が懸賞によらないで提供することができる景品類の最高額が取引価額の3
　　％から5％に引き上げられたほか，書店において，ポイントカード制（購入額
　　に応じて一定のポイントを与え，ポイント数に応じて金券の提供等を行うも
　　の）を実施する動きがみられる。
　　　　　　　　　　　　　　　（中略）
5　通信販売・直販等流通ルートの多様化及びこれに対応した価格設定の多様化
（書籍・雑誌）
　○インターネットを利用した通信販売が増加しているほか，電子書籍事業（書籍
　　のコンテンツを電子データの形で配信する事業等）やオンデマンド出版事業
　　（あらかじめ書籍のコンテンツを電子データとして保存し，注文に応じて極め
　　て少ない部数から印刷・販売する事業）を実施する動きがみられる。このうち，
　　インターネットを利用した通信販売に関しては，送料の無料化・割引やポイン
　　トカード制を実施する事業者もみられる。
　　　　　　　　　　　　　　　（中略）
6　取引関係の明確化・透明化その他取引慣行上弊害の是正
（書籍・雑誌）

- 出版社，取次，書店間でVANやインターネットを利用した注文・在庫・販売情報の電子化，物流効率化が進み，注文処理の迅速化や事業経営の効率化（販売動向の把握等）を図っているところである。大手取次においては，客注の処理を専門に行う子会社を設けて迅速化・効率化を図っているところもある。
- 返品の減少を図るため，一部の出版社のおいて，通常よりも書店マージンを高くする代わりに，書店が返品するときは仕入額よりも低い価格でしか受け取らないとする返品部安入帳制（いわゆる責任販売制）を導入したり，一部の大手取次において，書店の希望する部数を満数出荷する代わりに返品率の制限を設けるシステムを導入している。

(中略)

再販論議の推移　95年以降の再販制論議の経過の推移を参考として付しておく。

1995（平7）年 2月	・公取委に，書籍協会・雑誌協会連名で「出版物再販制の意義」を提出（1日）。 ・取次協会，「読者に貢献する再販制度」の意見書を公取委に提出。 ・公取委・再販問題検討小委員会，出版業界に対するヒアリング（23日）。 ・新聞協会，書籍協会，雑誌協会の3団体，再販制度維持のために協力して最大限の努力をするとの共同談話を発表（24日）。
3月	・書籍協会，雑誌協会，再販問題検討小委員会に「2月23日のヒアリングに関する補足」を提出（24日）。 ・政府，31日の閣議において「規制緩和推進計画について」を決定。 　→「再販制度について，……平成10年中に，すべての指定商品について，指定取消しのための所要手続きを実施し，同年末までに施行を図る。また，再販適用除外が認められている著作物について，同年末までにその範囲の限定・明確化を図る」
7月	・公取委，「再販適用除外が認められている著作物の取扱いについて」（再販問題検討小委員会中間報告書）を公表（25日）。 ・行政改革委員会規制緩和小委員会，「規制緩和に関する論点

	公開」を公表（27日）．
8月	・書籍協会，雑誌協会合同の再販特別委員会が発足（25日）翌年から，取次協会，日書連の出版4団体で構成．
	・第3回「活字文化に関する懇談会」開催．公取委再販問題検討小委員会中間報告への反論をまとめる．
9月	・書籍協会・雑誌協会，『「規制緩和に関する論点公開』に対する意見」を行革委規制緩和小委に提出（5日）．同時に，「読者のための出版流通改善――その現状分析と課題」を公表．
12月	・行革委・規制緩和小委員会，規制緩和計画の見直しについての意見をまとめ，再販制では「引き続き検討課題として議論を深めていく」として結論を先送りとした（7日）．
	・行革委，「規制緩和の推進に関する意見（第1次）―光り輝く国をめざして―」を意見具申（14日）．
	・日本文藝家協会，著作物の再販制見直しに反対する声明を発表（→97．10にも声明）．
	・書籍協会・雑誌協会，公取委に「出版物再販制度の必要性―「中間報告書」への反論」を提出（13日）．
	・日書連，公取委に「再販問題検討小委員会中間報告書に対する意見」を提出．
	・取次協会，公取委に「日本の出版流通と再販制度について」を提出．
1996（平8）年 7月	・行革委・規制緩和小委員会，「規制緩和に関する論点公開」（第4次）を公表（25日）．
	・書協・雑協，行革委に『「論点公開」に対する意見―出版物再販制度の果す役割―』を提出（30日）．
12月	・行革委・規制緩和小委員会，「平成8年度規制緩和推進計画の見直しについて」をまとめる（5日）．
	→再販制では「それぞれの商品特性（例えば「文化性」，「公共性」）について，真に消費者利益の立場から，「相当の特別な理由」に該当するかどうか十分に吟味し，それぞれの再販制度毎に，さらに広く国民の議論を深めつつ，結論に向けた検討を進めていく．」とした．
	・書籍協会，雑誌協会，規制緩和小委員会の報告書に関して共同談話を発表．文部省，「文化政策上の意義は極めて大きい」との大臣コメントを発表．
	・行革委，「規制緩和の推進に関する意見（第2次）―創意で造る新たな日本―」を意見具申（16日）．

1997（平9）年	2月	・公取委，「再販問題を検討するための政府規制等と競争政策に関する研究会」（以下，再販規制研という。座長・鶴田俊正専修大学教授）の第1回会合を開催（25日）．
	8月	・日書連，再販廃止反対100万人署名を達成．
	10月	・行革委規制緩和小委員会，「書籍・雑誌の再販売価格維持制度の見直しについての公開ディスカッション」を開催（9日）．
	12月	・行革委，最終意見を具申（12日）．再販問題では，「現行再販制度を維持すべき『相当の特別な理由』があるとする十分な論拠は見出せないとの認識が，国民に十分に浸透されていくことを期待するとともに，著作物の再販制度について，国民の議論を深め，その理解を踏まえて速やかに適切な措置を講じるべきである」との見解．
1998（平10）年	1月	・公取委，再販規制研報告書および資料篇を公表（13日）． →①競争政策の観点からは，現時点で著作物再販制度を維持すべき理由に乏しく基本的には廃止の方向で検討，②文化・公共的観点から，配慮する必要があり，直ちに廃止することには問題がある．③各種の弊害の是正に真剣な取組を開始すべきもの
	3月	・公取委，「著作物再販制度の取扱いについて」および「積極的展開について」を公表． →①再販制度について引き続き検討を行うこととし，一定期間経過（3年間）後に制度自体の存廃についての結論を得るのが適当，②関係業界に対して，消費者利益の観点から6項目の是正措置を求める，③公正かつ自由な競争の確保・促進を図る観点から，関係業界において共同行為，不公正取引方法等が行われた場合には厳正に対処する．
	4月	・活字文化議員懇談会総会を開催，再販維持のアピールを採択（3日）． ・小学館，「週刊ポスト」の時限再販（次号発売まで）を発表（10日）． ・再販制度弾力運用推進委員会（相賀昌宏委員長，出版4団体で構成）が発足（21日）．
	5月	・講談社，「再販制度の弾力的運用について」を発表（14日） →年間購読割引制度，バックナンバー対応，期間限定＝自由価格本（読者感謝フェア）など． ・小学館，第2次の弾力的運用についてを発表（24日）→年

	間予約購読者割引制度，期間限定＝自由価格本（読者感謝フェア），一定期間経過した書籍の低価格販売，書店読者情報サービスなど．
7月	●出版物共同流通センター（取次会社5社），「読者謝恩自由価格本フェア」を実施．（以後随時全国の書店で実施．）
10月	●再販制度弾力運用推進委員会，「読者のための出版再販─制度の弾力運用レポート」を発表．
	●トーハン，「第5回自由価格本フェア」を実施（以後，読書週間等の期間随時実施）．
	●日本出版販売「自由価格本フェア」を実施（以後，読書週間等の期間随時実施）．
	●「出版社謝恩価格本フェア」を全国の書店で実施（以後，春と秋の読書週間の期間継続して実施）．
12月	●公取委，「著作物再販制度下における関係業界の流通・取引慣行改善等の取組状況について」を公表（2日）．
1999（平11）年 12月	●公取委，「著作物再販制度下における関係業界の流通・取引慣行改善等の取組状況について」を公表（28日）．
2000（平12）年 2月	●公取委との「書籍・雑誌に関する再販対話」（第1回）を開催（9日）．
	●講談社，「週刊現代」（3/18号から），「TOKYO 1週間」（3/14号から）の時限再販等の弾力的運用を発表．
	●再販売価格維持契約委員会，名称を「出版再販研究委員会」に変更，目的から「再販契約の違反に対する措置に関する助言」の規定を削除するなどの新規約を承認（23日）．→平成12年1月1日から実施．
9月	●出版流通改善協議会，再販制度の弾力運用レポートⅢ「出版界三年間の取組み」を作成し，関係者等に配布．
12月	●公取委，「著作物再販制度の見直しに関する検討状況及び意見照会について」を公表し，関係事業者，国民各層から意見を募ることにする（7日）．
	●出版4団体，公取委の報告書の公表後，著作者団体，図書館団体，関係業界団体等に出版再販維持について改めて理解を求め，意見の提出を依頼（8日）．
2001（平13）年 2月	●書籍協会流通委員会，「出版社提供2001年春の謝恩価格本フェア」を呼び掛け（4/19～5/9）．
	●ネット書店bk1と「新しい出版流通を考える会」，2/1から3カ月間「謝恩価格本フェア」をネット上で実施．

	・主婦の友社,部分再販本4点の発行を発表(1日).
	・小学館,女性誌の「JUDY」を5月号から時限再販.
	・日書連,「出版物再販制度の存続を求める全国代表者集会」を開催(10半〜衆議院第1議員会館,22日).
	・活字文化議員懇談会,緊急総会を開催(10〜,衆議院第2議員会館,27日).
3月	・公取委,「著作物再販制度の見直しに関する検討状況及び意見聴取等の状況について」を公表(14日).再販維持の意見98.8%(28,048件),廃止の意見1.2%(388件).
	・活字文化議員懇談会,「著作物の再販制度維持を求める3.21緊急集会」を開催し,声明を発表.
	・公取委,「著作物の再販制度の取扱いについて」を公表し,再販制度存置の結論(23日).
	→①競争政策の観点からは廃止.文化・公共面での影響から廃止について国民的合意形成にいたらず,当面同制度を存置することが相当,②再販下においても消費者利益が図れるよう,関係業界に方策の提案・実施を要請,その実効の検証のため公取委,関係事業者,消費者,学識経験者等で協議会を設置.廃止について国民的合意が得られるよう努力,③著作物については,6品目に限定運用.
	・出版4団体共同談話―著作物再販制度維持は国民的合意―を発表.
7月	・政府,大脇雅子参議院議員の公正委員会の「著作物再販制度の取扱いについて」に関する質問主意書に対する答弁書を送付(31日).
10月	・出版流通改善協議会,「2001年出版流通白書―弾力運用レポートⅣ 再販制度の存置を受けて」を作成し,関係方面に配布.
12月	・公取委,「著作物再販協議会」(座長・石坂悦男法政大学教授)を開催(4日).
2002(平14)年 1月	・出版再販研究委員会,取次―小売間の再販売価格維持契約書ヒナ型の改定および覚書(ヒナ型)を決める.出版―取次間の覚書(ヒナ型)も作成.
12月	・出版流通改善協議会,「2002年出版流通白書―再販制度弾力運用レポートⅤ―出版業界活性化に向けて」を作成し,関係方面に配布.
	・書籍協会・雑誌協会,「再販制度 弾力運用の手引き」の改

		訂版を発行．
		● 書籍協会・雑誌協会，「再販問題会員説明会」を開催（4日）．
		● 各取次会社，取引先書店等に再販契約遵守のお願いを発表．
2003（平 15）年	5 月	● 消費者団体，公取委，出版業界等で「再販ラウンドテーブル」を開始（30 日）．11 月まで 4 回を開催．
	10 月	● 出版社共同企画「期間限定謝恩価格本フェア」をインターネット上で出版社 24 社が参加して実施．
		● 河出書房新社，「謝恩価格全集セール」を実施．
	11 月	● 第 13 回神保町ブックフェスティバルを開催．自由価格本フェア「本の得々市」に書店組合，出版社 130 社等が参加（1～3 日）．
	12 月	● 出版流通改善協議会，「2003 年出版流通白書―再販制度弾力運用レポートVI―読者のための出版流通」を作成し，関係方面に配布．

（清田　義昭）

VII 産業としてみた日本の出版の特質

§1　はじめに

出版は産業か　これまで，日本の出版の現状を，さまざまな実例を中心にみてきたが，この章では出版をひとつの産業としてみた場合，どのような特質をもっているかを考察しよう．

　まず，最初に指摘したいのは出版は，はたして産業だろうかという，きわめて素朴な疑問である．

　産業とは何かについては，いろいろな定義があるが，経済学ではごく一般的に「モノやサービスを生産する活動であり，利潤の獲得を目的とした行為」と定義している．

　にもかかわらず，本当に出版は産業なのかという問いかけが生じるのは，産業という言葉がもつ，技術とか，機械設備とか人びととの拘束された労働といったものと縁が薄そうにみえるからだ．

　また必ずしも利潤獲得だけが目的とみられない行為があることも産業としての位置づけを曖昧にし，出版の定義を困難にしている．

とくに電子出版をはじめとしたコンピューターとの関連が濃密になってきた1990年代以降は複雑さが増している．紙に印刷されたモノを作り，頒布するだけでなく，さまざまな媒体を通してさまざまなイメージを伝えるようになってきたからだ．

政府（総務庁）は日本標準産業分類によって各種の産業の区分けを決めているが，出版は大分類Ｆの製造業に属し，中分類ではＦ-25の出版・印刷・同関連産業に仕分けられている．だが，はたしてこの分類は妥当だろうか．出版業の現状をみると製造業ではなく大分類Ｌのサービス産業に属し，中分類ではＬ-85の情報サービス・調査・広告に近い業態を持つ一面があるのは確かだといえそうだ．とするならば情報産業の中で一体どのような位置づけになるのだろうか．

情報産業としての出版　　一般に，情報産業は，情報収集，情報加工，情報提供の3つに分けられるが，出版はそのどれに該当するのか．

いずれをもカバーするとみるのが妥当ならば，その場合の3つのウエイトは，どのように考えたらよいのか．

また，情報産業の根幹であるソフトウエア産業と出版との間に，どのような共通点が見い出されるか，など答は容易ではない．それよりも，情報とは何か，知識と情報は異なり，出版は情報でないという反論も出てくるに違いない．

では，視点を変え，出版を知識産業のひとつとしてとらえた場合，どうなるだろうか．

知識産業という場合，産業論としてその基本的な形態とされるのは，研究型と資本集約型の2つだが，出版はどうやらそのいずれでもなさそうだ．むしろ，それらの対極にある労働集約型に近い一面さえもっている．俗に「出版は机ひとつ，電話一本あればよい」といわれてきたことが，その特異さをよく物語っている．

したがって，ここでは定義や分類に深入りせず，「出版業とは書籍，雑誌，データベースなどをいろいろな出版物の形で販売する仕事」といった程度にと

どめる．そして，その現実の動きを通し，その本質を動態的にとりあげていくことにしよう．

<u>分析の手法とその限界</u>　最初に，出版を産業としてみる場合の要点について述べておこう．この場合，大切なことは量的な把握，つまり自然科学の手法でいえば定量分析と，質的な動向の把握，同様にいえば定性分析の双方からみることである．

定量的にとらえるに当たっては，出版企業の多くがオーナー経営で経理を公開（ディスクロージャー）しないことが，大きな障害となっている．

店頭公開を含め，25社（2003年末現在，書店，ゲームソフト兼業を含む）が証券市場に上場しているにすぎないし，決算内容を発表しているのは，出版社，取次，書店を全部合わせても100社に足りない．大手出版社のなかには，決算数字はもちろんのこと，従業員数，事業所数すら発表しないところがある．したがって，ここでは時に応じて発表されるセミマクロ的な業界全体の数字に，入手しうる個別の企業のデーターを加味して分析するしかない．

同様に定性分析の場合も，既発表の社史を中心にした記述と，関係者とのインタビューによる聞き書きに頼らざるを得ない．

この方法は社史もしくはそれに類する創業者や関係者の自伝，伝記の有無，関係当事者のインタビューの可否がものをいい，それらが不可能な場合は，いちじるしく公平さを欠き，事実の把握を妨げる．したがって，時によっては当事者からの2次情報に依存せざるをえない状況もあるが，ここでは極力それは避けた．

<u>分析としての3つの視点</u>　以上の前提にたってみた場合，分析可能で必要なポイントは3つある．

ひとつは，生産と流通の集中の形態である．企業レベルと地域レベルの双方から，書籍をはじめとした出版物の生産や流通が，どのように集中しているか，その実態をとらえることである．

次に，そうした集中の結果生じた，二重構造に対する分析であり，集中がこ

の半世紀の間の出版業界に与えた功罪を検討したい．

　3番目は，そうした中で，出版企業がどのようにして高付加価値経営を続けてきたか，その高収益性に対する分析である．と同時に，出版企業が再販売価格維持制度（再販制）という法的な保護をどう利用してきたか，新規参入の壁は低いにもかかわらず，なぜ競争が進まないかについても検討したい．

　もちろん，出版産業の特質は，以上の3つの視点だけで解明されるわけではない．産業としてみた出版が，言論として，あるいは文化としてみた出版とどう矛盾したり相い容れないか，そこにもたらされる歪みなどについても考察することが必要である．

　また，コンピューター化をはじめとした技術革新が，印刷，製本，などの製作工程，あるいはまた流通にどのような影響を与えたかも大切な視点である．しかし，紙数の都合もあるので，これらは別稿に譲りたい．

§2　出版産業と寡占化について

　出版界の規模の集中は，いわゆる再販問題もからんで，議論の分かれるところだが，まず，その集中がどのような規模と形で進んでいるのかをみる．次いで地域的にみた，いわゆる一極集中の実態をみることにしよう．

企業としての出版社は全体の1割　現在，日本には，約4,300の出版社があるが，『出版年鑑』（出版ニュース社）の2003年版によると年間10点以上の新刊を出版しているのは1,047社にとどまる．残る大多数は小出版社で，1年間の新刊点数は数点，ところによっては1点というところもある．

　また，最近の傾向として，出版社の名を冠してはいるものの，自費出版や編集プロダクション業務が中心のものが増えている．これは営利企業といっても，きわめて限界的なもので，通常の出版社と同じ範疇に入れてよいかどうか問題は残る．

　したがって，ここでは一般市販を対象に出版活動をするものに限って論じたい．この場合，出版社の数はトーハン，日本出版販売（日販）をはじめとした

取次との間で，取引口座をもっている，約3,200社となる．このうち，取次がその社の出版物を在庫としてもち，日常の取引を対象としているのは，300から400社にすぎない．というのは，取次は，全出版社の1割程度の出版社との取引をしていれば，産業として成り立ちうるわけで，出版社数は集中度を考える場合あまり関係ない．

新刊書籍点数にみる上位集中　そこで，まず書籍の新刊発行点数から，集中傾向をみていこう．

既出の『出版年鑑』によると2002年の新刊発行点数は7万4,259点で前年に比べ3,186点増えている．これを出版社別にみると上位10社（講談社，文芸社，学研，角川書店，小学館，集英社，岩波書店，PHP研究所，新潮社，ハーレクイン）が，全体の13.5％に相当する1万0,059点を発行している．さらに上位20社についてみると20.0％に当たる1万4,910点の新刊書籍を発行している．同様に上位30社の占める割合は1万8,539点で24.9％に達している．

この数は，他の産業の上位集中程度に比べると，はるかに低く，上位社の市場支配力は弱いようにみえるが，発行部数，あるいは実売金額でみると，比率はもっと高い．なぜならば，新刊発行点数でみた場合，発行ベストテンの常連である講談社の読物1点と，少部数を数年間で売り切る学術出版社の1点との相違がみえてこないからだ．

いいかえれば，定価600円ながら10万部以上売る大手出版社の新書判とその数倍の定価である初版2,000部の学術書を比較することはまったく無意味に等しいのである．正味売上金額でみると，上位5社の占める割合は23.0％，7,542億円という数字である．

日本経済新聞社が毎年夏，発表する産業別の市場占有率（シェアー）調査によると，出版業の売上高シェアーは，リクルート16.2％，講談社8.9％，小学館7.9％，集英社7.3％，角川書店4.4％で，この上位5社の集中度は44.7％を占めている（2002年実績）．

ただし，この数字は書籍，雑誌の合計であり，また販売収入，広告収入につ

いてはともに正味の算定などに問題があり，信頼度はそれほど高くない．

　なお，新刊書籍の発行点数については，『出版年鑑』調べのほかに，トーハン系の全国出版協会・出版科学研究所（出版科研）の7万2,055点があり，年鑑の数字と2,204点の開きがある．これは，出版科研の数字が，トーハンの窓口を通した一般市販のものを基に算出した推定であるのに対し，『年鑑』は，新刊書に磁気マークを付与する書籍データーセンターのマーク数を参考に算出したもので，自費出版物や直販の復刻書籍などを含んでいるからとみられる．

効率経営で有利な大手出版社　では，実質的には上位10社で30％を超えるであろう集中は，どこからくるのだろうか．

　ひと口でいえば，何よりも総合出版社の強味である．後述するような，週刊，月刊のマスマガジンをはじめ，事典，全集，文庫といった，あらゆる形態の出版物を発行し，相互に補完しあって売り上げを伸ばし，利益を上げている．たとえば，集英社はかつて書籍部門を伸ばすために，雑誌で得た利益を戦略的に他の出版物へつぎ込んだ．1970年代半ば，同社の売上比率は雑誌75対書籍25だったが，利益は95対5であった．

　同様なことは，マガジンハウス（旧，平凡出版）や，小学館についてもいえることで，書籍の売り上げの大半は雑誌の連載の2次利用である．新潮社はさらに徹底しており，『新潮』『新潮45』などの雑誌は，当初から書籍を発行するための戦略商品として位置づけられており，万年赤字の雑誌である．

　上位出版社の強味は，取次との関係でも大きい．後述するように大手取次の大株主としての発言力と相対的に高い正味，取次を通して発揮できる書店への影響力である．中小出版社が種類，定価に関係なく同一の正味であるのに対し，大手は全体が高い水準にあるうえ，定価別の段階正味制を採用している．

　また，取次からの支払い方法も，期限や返品との精算などで，大手は有利な扱いを受けている．この他，用紙の確保や印刷・製本における相対的な優位性，編集プロダクションの利用など効率経営の有利は見落とせない．

より鮮明な雑誌の集中度　実質的な上位集中は，雑誌の場合，書籍よりもさ

らに目立っている。ひと口に雑誌といっても，発行部数1,000部程度の学術雑誌もあれば，毎号100万部を越えるマスマガジンもあり，種々雑多である。

2002年の日本の雑誌発行状況は，すでに他の章でみたように，3,489点，推定発行部数，44億0,478万に達している（出版科研調べ）。

これを刊行形態別にみると，月刊が（隔月刊，季刊，月2回刊を含む）3,383，週刊106で，月刊が圧倒的に多い。しかし，推定年間発行部数でみると，月刊誌が約28億3,160万冊，週刊誌が15億7,318万冊，その比率は64対36で週刊誌のもつ重味の大きいことが分かる。

また全雑誌発行点数の3分の1以上である1,104誌は，大手雑誌社が加盟する日本雑誌協会の会員社（現在，92社）のものであり，とくに週刊誌は半数以上の58誌が会員社から出版されている。

これを出版社別にみると学研68，小学館67，講談社45，日経BP 41，角川書店39が上位5社である（2003年，10月末現在）。

雑誌の強味はマスマガジンとしての大量部数の販売を見込めることだが，同時に入り広告の名でよばれる広告収入の魅力が大きい。雑誌の広告媒体化は1980年代の高度成長期に一段と進み，全雑誌の広告収入は年間約4,100億円，テレビ・新聞をはじめとした全広告費のほぼ7％に及んでいるが，その大半は雑協加盟の大手雑誌出版社の月，週刊誌によって占められている。その収入額はビジネス関連誌を中心に広告量最多の日経BP社の290億円を筆頭に，講談社，小学館が220から230億円，集英社が190億円に上っている（2002年度）。この数字はマスマガジンをもたぬ中央公論社や岩波書店の全売上高に匹敵し，出版社が出版産業化する場合の必須の武器となっている。

なお1990年代半ばから本格的に登場した書籍と雑誌の中間をいく週刊分冊百科（パートワークともいう）も編集プロダクションを駆使できる編集力と販売力をもつ大手出版社がよくするところで，草分けである外資系のディアゴスティーニ社のほか講談社，学研，小学館，朝日新聞などが，常時20点のシリーズを出版している。

VII 産業としてみた日本の出版の特質

大取次は寡占状態　トーハン，日販を頂点にした取次の集中は，公正取引委員会も認める寡占状態にある．

　2002年度の取扱高はトーハンが6,786億6,300万円，日販が7,441億6,700万円で，この上位2社を合計すると，取次書店ルート全取次扱高のほぼ69％に当たる1兆4,230億円に達する．第3位の大阪屋の売上高1,077億円をあわせると，上位3社で全体の70％を超え寡占状態となる．したがって，残りの約30％足らずを日本出版取次協会加盟の他の35社が，分かちあうという状態で，集中の弊害もいくつか指摘されている．

　トーハン，日販の上位2社の競争は依然として激しいが，他の取次との格差は広がる一方だ．1970年代いち早く取りいれたコンピューター利用の商品管理システム，中小取次の全取扱高に相当する規模のコンビニエンスストアとの取引などを考えると，上位2社と他の取次との格差は，今後ますます拡がると予想される．

　2大取次と有力大手出版社の関係は，1950年の創立時に，有力出版社のバックアップを得たこともあって，陰に陽に大手出版社は有利な取引関係を結んでいる．

　トーハンは「一八会」，日販は「お茶の水会」とよばれる大株主をもっているが，両者とも講談社，小学館が大株主でそれぞれ5％程度の持株を有しているほか，上位の大株主の大部分が，大手出版社によって占められている．上位大株主10社の持株比率は，トーハンが28.8％，日販が26.2％で，いずれも4分の1を上回っている．もっとも，財務内容で日販を一歩リードするトーハンは資本調達を円滑にするため証券取引所上場をねらっており，実現すれば新しい局面を迎えよう．

書店のチェーン化はますます盛ん　また，流通面では，書店の大型化とチェーン化も目ざましい．

　1960年代までの全国の書店は，それぞれの地域で以前からあった一番店を中心に勢力地図ができ上がっていた．取次の競争による帳合の変更騒ぎはあっ

ても，比較的平穏だった．しかし，1970年代以降の流通革新の中で，書店間の競争は激しくなり，今もなお変化が続いている．とくに，日本書店商業組合連合会（日書連）を中心にした取引マージンの改訂運動は，過去20数年間で，書店の正味を約5ポイントを引き上げるのに成功した反面，大書店のシェアー拡大をもたらした．

書店の粗利益率向上は，おりからのコンピューター化による，流通革新と相まって，大手書店の全国チェーン化と大型化を促進したのである．

それだけでなく，異業種からの進出を招き，中小書店をますます苦境に追い込んでいる．1990年代にはいって，小書店の廃業が相次いでいるのは，こうした地殻変動とコンビニエンスストアの進出とが重なった結果とみてよいだろう．2002年末の全国の書店数は，経産省の商業統計で，2万2,690店（うち日書連加盟は8,288店），過去4年間に約2,000店以上減少している．もっとも，商業統計では，売り場面積は約28万m²増加しており，大型化による集中が進んでいることを裏づけている．

 進む書店のチェーン化 　書店の全国チェーン化は第2次世界大戦前からある丸善（店舗数31）のほか三省堂（同18），紀伊国屋（同57），ジュンク堂（同23），リブロ（同55），くまざわグループ（グループ4社計で154）明屋書店（同50）など10指を超え書店の主軸となっている．

ほかに特定地域に集中して出店を進める有隣堂（神奈川県中心に32店），三洋堂（愛知県59），文真堂（群馬県53）などがあり，戦前からの地域一番店にとって代る傾向が強い．異色のチェーンとしては，中小型店中心ながら首都圏に165店（ほかにFc47店）を数える文教堂で，取次のトーハンのほか，講談社，角川書店などの大手出版社にも出資を求め，証券市場に株式を上場している．当初1株4,500円の値をつけた株価は増資，分割の後，400円台になっているが，書店の今後のあり方をある意味では示唆している．

書店のフランチャイズ（Fc）化も活発で静岡県清水の戸田書店や香川県高松の宮脇書店，広島のフタバ図書などが郊外型書店を中心に直営店のほか50店

程度のFc店を展開している．なおスーパー内の書店としては，ダイエー系のアシーネ（本社・東京）が326の売場を持ち，年間250億円の売上高を確保している．

§3　一極集中の出版産業

首都圏集中の実態　産業の集中度をみるとき，もうひとつの観点は，地域からみた集中である．日本の場合，しばしば一極集中という言葉でいわれるように，政治・経済・文化などあらゆる面で中央集権化による東京集中が目立っている．「地方の時代」は，ある種の流行語にとどまり，出版の実態を見る限りきわめて力が乏しい．

出版業の場合，その一極集中は他の何よりも顕著である．これは，知識産業のひとつである出版産業にとって，人と情報と知識の集積地であり，本当の意味での情報の発信地である東京をおいては，本社機能はありえないといってもよいからだ．京阪神を核とした近畿圏や愛知，三重，岐阜，の3県にまたがる名古屋圏はいってみれば副次的な情報発信地で，その役割は東京圏に遠く及ばない．そこで，東京およびそれに神奈川，千葉，埼玉を合わせた首都圏への一極集中の実体をさまざまな角度でみていくことにする．

出版ニュース社の調べで全国4,361ある出版社のうち東京に本社を置くものは，全体の78％に当たる3,406社，それに千葉，神奈川，埼玉の3県を合わせると3,585社で全体の82％を占めている．この集中は，人口の集中度合いである東京の9.6％，首都圏の25.7％を，はるかに上回るものである．ちなみに，2002年度の企業の法人申告所得ランキングをみた場合，出版業の上位20社のうち，18社までが，東京に本社をおく企業であり，残る地方の2社は，住宅地図専門と通信教育が主体という特殊な分野を手がける出版社である．

一方，書籍，雑誌合計の年間販売額2兆3000億円を地域別にみると，東京の占める割合は16.5％，首都圏の占める割合は31.1％である．これは，人口の集中度からみて極端とはいえないが，かなり高い数字で，出版物を発行する

版元の機能が，東京および首都圏に集中していることを裏づけている．

■なぜ一極集中は進んだのか　それでは出版の首都圏集中は，いつごろから始まり，どのような過程を経てきたのだろうか．

一般の産業の場合，鉄鋼でも石油化学でも東京の本社機能集中は，1960年代の後半からはじまった日本経済の高度成長時代に進んだ．これは技術革新とそれにともなう設備投資，革新的なマーケティング手法の登場による，激しいシェアー競争を経て，でき上がっていったものが多い．

しかし，出版業の場合は，それらとまったく異なる．つまり第2次世界大戦の間に，集中の基盤ができ上がり，戦後数年間の混乱期を除くと，終始一貫，その延長線上を歩み続けたとみてよいだろう．というのも，第2次世界大戦中の言論統制は，軍と官の主導による一極集中システムそのものであり，東京に本社をもつ大手出版社を中心に進められたからである．

物流面である配給統制機構はより鮮明で，一元的配給を受けもった日本出版配給会社（日配）は，東京の4大取次を核にして生まれ，日配解散後もそのシステムを温存しようという動きが強かった．現在，東京に本社を置く2大取次のトーハン，日本出版販売（日販）は，いずれも1950年，東京の大手出版社のバックアップで誕生，設立当初から寡占体制への萌芽を宿していた．

同じ頃，関西地区の書店を対象にできた取次の大阪屋は，当初，それなりのシェアーをもっていたが，次第に前記二社に市場を奪われ，現在では，10％におよばぬシェアーにとどまっている．

■集中はさらに進む見通し　トーハンと日販を合わせたシェアーは，ほぼ70％，公正取引委員会でも，その寡占状態を認めるに至っていることはすでに述べた．再販制があるとはいうものの，2大取次と他の取次との間では物流システムや取引条件にかなりの差異があり，トーハン，日販の2社集中の傾向はさらに進む見通しだ．また20社を超える通称"神田村"の東京都内にある中小取次やその他の地方取次が今後どのようになるか，注目に値しよう．

出版の首都圏集中が進む理由はほかにも多い．規制緩和の掛け声をよそに根

強い行政の中央集権化は，政治・経済・文化のあらゆる領域で，東京発のさまざまな情報を生み出すようになっている．このため，書籍出版はともかく，雑誌出版では，東京に編集機能を置くことが必要不可欠の条件となっている．かつて，東京以外で発足した出版社の中にも，1970年以降に本社機能を東京へ移したところが増えてきた．

その結果，東京以外で出版活動をするのは，地域性を重視した，いわゆる地方出版社と地域性にほとんど関係のない実用書や学習参考書の出版社のみとなっている．もっとも，そうした現実をふまえ，地方出版物を専門に取り扱う中堅取次が東京に生まれるなど，量の拡大に邁進する大手の動きとは，まったく異なった出版活動も生まれている．

一極集中は，いつまで続くか　これまでみてきたように，出版の東京集中は，現在のように情報の中央集権化が進み，それに対応した社会体制が続く限り，強まることはあっても弱まりはすまい．

一般の製造業にあっては，いわゆるIT化を軸にした技術革新が生産の場に大きな変化を与え，企業全体の立地条件を変化させることもある．しかし，設備をもたぬ知識産業の出版業にとっては，東京に拠をおくことでこうむる集中の被害は少なく，むしろ集積の利益を享受できるほうが大きい．

印刷・製本工場や物流基地を一体化して地方に移そうという計画もあるが，この分散は，出版の一極集中の緩和とは直接関係がない．新刊書の送品や返品が，地方の物流基地を利用して行われることは，物流という一点で集中を排除，もしくは緩和するかもしれない．だが，出版の編集機能は依然として首都圏に集中しなければならないのである．

21世紀の到来とともに本格化し始めたネットワーク社会は，確かに情報の受け渡しを容易にするであろう．いわゆるインターネットのように，全世界的な規模で同時に情報が行きわたることは，間違いないかもしれない．

しかし，政治・経済にかかわる付加価値の豊かな1次情報の収集は，首都機能の存在するところでしか得られない．そしてまた，情報の伝達が容易になれ

ばなるほど，より高いレベルの情報の提供が求められる．付加価値の高い出版を目指せば，目指すほど東京集中が進むといえる．

換言すれば，情報の加工，提供事業は，地方に分散するであろうが，知的な判断作業を伴った収集機能は，ますます一極集中するといえる．たとえ首都圏の人口が減ったり，製品の出荷額の東京集中が是正されたとしても，出版の一極集中は緩和されないだろう．

流行りものの"地方の時代"でなく，本当の意味での情報公開と地方分権が進み，政治・経済の複眼構造が実現しない限り，一極集中は続くのである．東京発の情報の価値が低下し，多様な情報が求められる時，はじめて，東京への一極集中は止まり，画一的でない個性豊かな出版物が生まれるだろう．

§4 出版産業高収益性の構造

出版業の特質のひとつとして，よく二重構造があげられる．大手と中小の格差，出版社と末端の書店との格差，あるいは，出版物を製作する印刷・製本業との格差などである．その二重構造を解明する前に，まず，出版産業の高収益性についてみておきたい．

所得ランキングにみる高収益性　大手出版社の高収益は，情報産業の中でも抜群であり，賃金水準ひとつとってみても，全産業の中で1〜2位を競う高いものである．繰り返し述べるように，個別の決算データを発表する社が少ないので，その実態は毎年5月，経済雑誌が報告する法人申告所得ランキングによるしかない．

それによると2002年度の出版業界の申告所得順位は，第1位のベネッセコーポレーションが200億9,700万円，第2位の集英社が86億5,300万円，第3位が新日本法規出版社，77億0,500万円，第4位，小学館の63億2,000万円，第5位，東京書籍の61億6,700万円で，以下，静山社，リクルートフロムエー，宝島社，ぎょうせい，ソフトバンクパブリッシングと続いている．

一見して気づくのは，かつて上位を占めていた講談社，角川書店，文藝春秋，

新潮社などのいわゆる総合出版社が上位50社にも顔を出していないことである。

　1位のベネッセが出版部門を整理，縮小し，介護事業やゼミ経営に重点を置く脱出的傾向にあるのはおくとしても，広告代理店やソフトウェア開発を兼業する出版社や官公庁向けの加除出版社が上位を占めているのは淋しい。

　これはかつて"好不況は無関係"といわれた出版業が，中小企業経営の範疇を脱するとともに，景気変動に敏感となったことを物語る。

　バブル崩壊といわれた1990年代末からの本格的な不況の到来は，依存度が高まっていた雑誌部門の広告収入に打撃を与えただけでなく，量販志向一本だった販売促進にも手づまりを招いたのだった。つまり出版の産業化が進んだ結果，不況への対応力が鈍ったといえよう。

　といっても産業としての出版の高収益性が変化したというわけではない。その証左は小学館，集英社，日経BP，NHK出版協会など30数社は依然として全法人所得ランキングの5,000位までに名を連ね，出版業の高収益性を裏付けている。

　ちなみに集英社の申告所得額86億円は全法人の353位，小学館は同503位，東京書籍は517位である。全法人の400位台には，山崎製パン，パイオニア，ライオン，キッコーマンといった日本を代表する企業が顔を並べており，相対的な高収益性に変りはない。

　推定値の域を出ないが，大手出版社の対売上粗利益率8％は創業者利潤に恵まれるベンチャービジネスに迫る高水準である。

　また出版業の1人当たりの売上高が大きいのは，厳密な意味での製造工程をもたないからで，出版社の売上高は取扱高に類するとの見方もあるが，それならば総合商社の1％以下という対売上高利益率との比較をどうみたらよいのだろうか。

高い収益率はなぜ生まれる　では，このような高収益は，どこから生じるのか。いくつかの理由が，重なりあい，補ないあって生まれてくるのだが，ひと

口でいえば効率経営に徹していることだろう．それは，規模の大きな総合出版社では，それにふさわしく，専門出版社ではそれに見合って効率化に努めているからだが，共通する要因として次の5つがあげられる．

第1は少人数の経営であることだ．直販で販売員の多いいくつかの加除出版社などを除くと，従業員数は，多くても1,000人程度，総合出版社である小学館，集英社は700〜800人の規模だし，マガジンハウスや新潮社でも300〜400人にすぎない．したがって人件費の負担は少なく，売上高に占める人件費率は推定20％台で，類似の情報産業である新聞社に比べいちじるしく低い．また編集プロダクションの利用なども人件費の節減に効果をあげている．

第2は，流通費用が少ないことである．委託を中心にした取次⟵⟶書店のいわゆる通常ルートは，雑誌で30％台，書籍で40％台の返品があり，一見，ムダが多いようだが，定価に対し，書籍で68％，雑誌で62％の正味が確保できれば，直販コストより有利とみられる．販売要員は少なくてすむし，物流費用も商品管理に重点をおけばよい．したがって厳しい取引条件下の中小出版社はともかく，取次との関係が密な上位出版社にとっては，通常ルートにまさる効率的な系路はないともいえよう．

第3に，設備投資とあまり縁のないことが指摘できる．他の製造業やサービス業と異なり，製作工程はすべて外注なので，社屋や倉庫などを除くと，まとまった投資がない．償却資産もないので資金調達の苦労が少なく，金融費用のかからぬ自己資本経営が可能となる．

第4が，ほとんどといってよいほど，オーナー経営であることだ．自己資本の運用が容易であるだけでなく，経営の意思決定が直截かつ果断にできることが大きい．ワンマン経営に陥るおそれはあるが，新規事業のふん切りや，不採算部門の見切りは容易で変化への対応がしやすい．

5番目は，むしろ一番大きな要因かもしれないが，再販制による保護で本格的な競争がないことである．1955年の再版制実施以来，価格競争がほとんどない上，出版社主導で価格決定できるという強みがある．値崩れ，安売りが実

質的にないことは，出版社の利益計画に大きなプラスとなっている．

　再販制の功罪，とくにその必要性については別に検討するが，競争が絶えず協調的なものであり，市場をリードする上位社有利の態勢が続いている．

§5　出版の二重構造について

二重構造の意味　出版業の効率経営をみる場合，その背景として，二重構造の存在がしばしば論じられることは，すでに述べた．しかし，二重構造とは何か，単なる大と小との格差と考えていいのか，まず，はじめにその言葉を説明しておきたい．

　二重構造という概念は，1960年代末からの高度成長時代に生まれた．大企業と中小企業との間のいちじるしい生産性格差，あるいは賃金格差のあることが日本経済の特徴で，これを解消させることが急務であるという問題意識があり，また，この時代の政策目標でもあった．そこで指摘された二重構造は，主として製造工業における下請生産が対象となった．部品の製造に代表される，下位の生産工程をめぐるもので，大企業と中小企業の間にある，垂直的な分業システムを前提としていた．

　出版社の場合の二重構造は，はたしてこれと同じものだろうか．

　というのは，企画，編集，製作という流れの中で，大も小も同じ工程，同じ機能をもっており，小が大の穴埋めないし肩替りをするというのが，ごく当たり前の形である．いうなれば垂直ではなく，水平的な分業，あるいは請負いという特徴をもっているからだ．

　そうした意味で，出版の二重構造の典型とされるのが，編集プロダクションであり，その存在を抜きにしては出版は語れない．

編集プロダクションのはじまり　編集プロダクションの歴史は，1950年代にさかのぼる．1958年積極的な売上拡大を目論んだ河出書房が，戦前，美術出版社を経営し，そのノウハウをもっていた座右宝刊行会と手を組んで，美術全集を発行したのがはじまりである．当初は下請というよりも，パートナー形

式で，大手出版社にノウハウを提供するという対等の色彩が濃厚だった．しかし，その便利さが認められ，類似のプロダクションが増えるにつれ，次第に下請的なものになっていった．また仕事が拡がることは，反面，さしてノウハウのない分野をも手がけざるをえないことになり，発注主から買いたたかれることにもなった．

　美術全集だけでなく，音楽全集，旅のガイドなどがその対象で1970年代には，講談社，小学館，集英社，中央公論など大手出版社は，競って編集プロダクションを利用した．また，1970年代後半には，倒産した出版社の編集者が製作集団をつくる動きがあらわれ，単行本の編集分野でも編集プロダクションが活躍する．その形態はまちまちで，特定の筆者を抱え込み，企画から原稿作成までを本人に代わって出版社へ売り込むものから，単純な製作，あるいは校正のみを受注するものまである．

　編集プロダクションの存在が，脚光を浴びたのは，1970年の平凡出版社（現，マガジンハウス）の『an・an』にはじまった女性誌における活躍だった．同誌は，日本のマスマガジンが，部数増を目的とした"百万雑誌"（『キング』や『主婦之友』に代表される）から広告メディアに変容するさきがけとなったものだが，編集プロダクションは記事体広告（タイアップ）ページの編集製作で黒子として働いた．

<u>編集プロダクションの競争激化</u>　当初は編集権の及ばぬ広告ページだけの関与だったが，やがて，その安直さが買われて，本文の記事も発注する雑誌が増え，遂にはひとつの雑誌を丸ごと下請に出す出版社まであらわれた．日本出版労働組合連合会の調べでは1983年に，講談社が各種の出版物製作を発注したプロダクションは46，プロダクションを含めた社外から雇用者は889名を数えた．これは社員数の82％に相当した．

　小学館の場合も，ほぼ同じ時期の調査によると46の雑誌を百科事典，辞書，絵本などを編集する11の編集部で，延べ99のプロダクションと契約を結び二百数十名の編集者（別にフリー編集者60名）が，プロダクションの要員として働

VII 産業としてみた日本の出版の特質　125

いていた．

　プロダクションが定着するにつれ競争は激化，実質的な契約条件は低下した．最近では，「人件費の節約のためにプロダクションを使う」と高言してはばからない出版社もある．さらに，プロダクションが人材派遣の窓口となり，時と場合に応じてフリーライターや契約編集者を集め，孫請けさせる例も増えている．このような下請，あるいは再下請が進む場合，出版社の編集製作の仕事はどうなるのか．そこでは本体の編集者は，どういう役割をもつのか．単なる業務発注の調整役となるのか．その役割と資質の向上をめぐり，将来を気づかう声も出ている．

　編集プロダクションの利用などという消極的な収益向上策に対し，2000年代に入ってから目立ってきたのが，従来の狭義の出版を超えた業容拡大の戦略である．それは出版の周辺に拡がり始めた情報サービスのデジタル化を企業経営の軸に据えようというもので，出版業というよりは出版関連産業として捉えていくべきものだ．株式公開による資金調達，積極的な合併や企業統合で持株会社化した角川ホールディングス，介護，通販事業に今後の重点を置くベネッセコーポレーション，翔泳社やインプレスにみるようなソフトウェア産業化などがあげられる．

　在来の出版社の域を脱し，利益至上主義の出版業を目指すこうした動きが，はたして思惑通り進むかどうか，いまのところ見通しは定かでないが，大手総合出版を頭に据えた出版業の秩序に変化をもたらさないとは限らない．

出版社と書店の格差　垂直的なシステムにおける格差を論ずるなら，視点はやや異なるが，書店と出版社の格差からくる二重構造に触れないではおれない．

　編集プロダクションが，出版物の編集の場である上流でシワ寄せを受けているとするならば，書店は，出版物の川下，つまり販売の場でシワ寄せの対象となっている．

　業種別あるいは企業別の格差をみる場合，指標として人件費をみるのがもっとも分かりやすい．出版社や書店は大半が経営内容を公開していないので，給

与の実態はつかみにくいが，限られたデータだけでみても出版社と書店の格差はあまりにも大きい．

たとえば2002年の初任給をみると新潮社は大学卒31万円，マガジンハウス30万3,200円，集英社は26万3,000円，日経BP社は26万5,700円，文藝春秋は25万8,000円である．これに対し書店はほとんど初任給を発表していないので平均給与でみるしかないがジュンク堂の33歳平均で33万8,000円を筆頭に三省堂書店が平均35.1歳で28万5,014円，文教堂32.8歳で29万2,600円，フタバ図書32.6歳で27万7,300円などとなっている．

学歴構成の相違などもあるが，書店従業員が出版社の初任給をえるには10年近く勤続しなければならぬということになる（日経流通年鑑2003年版など）．書店の給与が出版社に比べいちじるしく低いひとつの理由は，出版物販売の粗利益率の低さによる面が大きい．中小企業庁調べの2002年の中小企業経営指標によると書店（書籍・雑誌小売業）の売上高対営業利益率は1.9％で，小売業総平均の4.5％を大きく下回っている．このため書店ではパート従業員の採用で人件費の圧縮を図るのが普通で，書店のパート比率は7割から8割と他業種に比べて高い．返品許容の委託販売制が続く限り，書店の粗利益率の低さは是正できないとみる向きが多いが，出版物の取引正味体系を改めるなどで書店従業員の労働実態を改善しなければ出版業の健全な発展は望めないのではなかろうか．

中小出版社の存在意義——むすびに代えて

最後に，大手総合出版社と中小企業との二重構造がもたらすものについて述べておきたい．

たしかに一般論としては，大出版社と中小出版社の間にはまぎれもない格差がある．しかし，だからといって，すべての中小出版社が，不利な条件の下に苦しみ，経営困難な状態にあるとは一概にいえない．先にみたように，初任給を比べれば，大手を上回る中堅専門出版社があるのは事実だし，小回りを効かして，相対的に不利な条件をカバーし着実な経営を続けているところも多い．

それよりも注目してよいのは，出版業としての存在意義を求めた場合，大手

出版社のはるか上をいくものがいくつもあることだ.

　出版史に残るオリジナルな先駆的出版は，皆といってよいほど中小出版社から生まれている．売上げと利益のはてしなき拡大を求め，効率経営を指針とする大手総合出版からはそうした出版はあまり期待できないといってもよいだろう．

　限られたヒト，モノ，カネを使い，効率とは縁遠いところでつくられたものこそ，本当の意味での人間の知の所産といえないか．そのためには，中小出版社の経営をより安定させることが必要である．少部数出版が，大出版の量の波にのみ込まれないような措置が大切であり，再版制もそうした観点を加味して見直していくべきだろう．

　少部数の出版を可能にしてこそ，言論と文化の多様性が確保でき，出版の自由が達成されるのである．

　知的満足度を経済分析に持ち込むことは，当をえないかもしれない．だが，それがまぎれもなく出版業の存在価値であり，目的であり，特質である．

　出版を他の産業と同一レベルで「利潤の獲得を目的としたモノとサービスを生産する活動」とみるのは困難といわざるをえない．

（小出　鐸男）

参考文献

『出版年鑑』出版ニュース社（年1回刊）
全国出版社協会・出版科学研究所『出版指標・年報』（年1回刊）
『東洋経済新報』『ダイヤモンド』『日経ビジネス』各毎年5月発行の別冊特集"法
　　人所得ランキング"
『日経流通年鑑』日本経済新聞社，年1回刊
日本雑誌協会『会員社発行雑誌一覧』
小出鐸男『現代出版産業論』日本エディタースクール出版部　1992年
日本エディタースクール編『日本の書籍出版社』日本エディタースクール出版部
　　1995年
中小企業庁『中小企業の経営指標』（年1回刊）
日本出版労働組合連合会『出版レポート』（年1回刊）

VIII 出版における〈表現〉の問題

§1 出版の自由と倫理

検閲の禁止 日本においても戦前には数多くの出版統制のための法規が存在し，明治憲法下で保障されていた表現の自由は，あくまでもこれら統制法規に反しない限り（法律の留保つき）のきわめて限定的な自由であった．刑法や治安維持法などによる，不敬罪のような個別事由による厳しい規制とともに，新聞紙法（旧新聞紙条例）や出版法（旧出版条例）といった，特別立法による出版物の包括的規制が存在していたのである．そこでは，警察による発売頒布禁止や差押等が広範に認められており，事実上の検閲が行われていた．

戦後，表現の自由の原則は180度転換し，いかなる限定もなしの完全な自由が憲法で保障されることになった．日本国憲法は「言論，出版その他一切の表現の自由は，これを保障する」（21条1項）と定め，さらに続いて「検閲は，これをしてはならない」（同2項）と明文をもって検閲を禁止している．この意味は，本や雑誌が売り出される前に，警察などの公権力が内容をチェックして書き換えを命じたり，出版をやめさせたりすることはできないということである．

VIII 出版における〈表現〉の問題

しかしそれでも実際には，表現内容などを理由に，私たちの目に触れる前に出版物が止まってしまうことが少なからず生じている．それではこうした事前抑制は，いつ，だれによって，どのような形で行われているのだろうか．出版規制は一般に，①情報流通のどの段階でストップしたものか，②規制をしようとする主体は何か，③その理由や手段はどういうものか，の3つの側面から整理するとわかりやすい．

出版の自由を情報の流れにそって考えるとは，取材などの「情報の収集過程」，編集・報道などの「情報の加工・発表過程」，そして取次や書店などの小売り，あるいは図書館や博物館といった「情報の頒布・流通過程」に分けて考えるということである．一般に出版の自由といった場合，どうしても発表段階のことを想定しがちであるが，その前後を含めてすべての段階で，スムーズな情報の「受け求め伝える」（国際自由権規約19条）ことが保障されてはじめて，表現の自由は保障されているということがいえる．

社会的プレッシャーの是　規制を行った者によって分類する場合，その第1は個別の法律や行政，あるいは判決等を通じての公権力規制である．具体的には，税関検査，文部科学省による教科書検定，青少年保護条例に基づくポルノ出版物規制，裁判所による発禁処分や損害賠償の支払い命令などである．

このカテゴリーに属する法規制については，そのほとんどが過去に妥当性が裁判所で争われ，それぞれの根拠法に基づく規制が容認されつつあるが，いまなお違憲の疑いが強いものも少なくない．あるいはまた，社会状況の変化から見直しを迫られているものもある．

第2は，公権力によらないまでも，大きな社会的力をもつ者による横槍によって出版がみあわされたり，出版流通がストップしたりする場合である．具体的には，政権政党や政治家からの政治的プレッシャーや，右翼団体や暴力団といった社会グループからの暴力による威迫が挙げられる．あるいは，広告主（スポンサー）や広告会社の「意向」もこの類型のひとつといえる．

最近では，損害賠償を求めて裁判に訴えるという形で，事実上，取材者や出

版元に労力や金銭面で物理的な負担を強いることで，不利益報道を回避するといった手段もみられる．裁判を受ける権利とのバランスで提訴自体に問題があるとはいえない側面もあり，むずかしい課題が提起されているといえるだろう．

一方で，こうした社会的プレッシャーが必ずしも「悪」であるとは限らない．たとえば PTA などの親の立場や，部落解放同盟といった被差別者の利益代表の立場，あるいは社会的弱者や少数者を代表もしくはサポートするさまざまな人権 NGO としての発言や行動が，出版物の行き過ぎをチェックしあるべき姿に近づけるために果たす役割は大きい．ただしもちろん，そうした抗議行動が出版の自主性や独立性を歪めることになってはならないことはいうまでもない．

また，第1の公権力規制のカテゴリーの場合は裁判を起こしたり世論に訴えたりして，公権力の非（横暴）に対して闘う道が残されているが，この第2のカテゴリーの場合は，プレッシャーの真偽すら明らかにされず，水面下で処理されることが多く，さらに出版社への影響力も大きいだけに注意が必要である．

出版倫理の大切さ　規制主体の第3は内部的なもの，いわゆる自主規制である．出版社，取次会社，小売店がそれぞれの段階で業界共通や独自の自主的判断によるコントロールを行っている．その本旨は公権力からの言論介入の口実を与えないために，事前にその危険性を摘み採るための自衛手段であるが，メディア自身の利害関係や事なかれ主義から自ら口を塞いでしまう例もなしとはいえない．

明文化された自主規制として，版元レベルでは日本書籍出版協会（書協）と日本雑誌協会（雑協）が合同で，1957年10月に出版倫理綱領を制定した．その中で，「文化と社会の健全な発展のためには，あくまで言論出版の自由が確保されなければならない」として，「言論出版の自由を濫用して他を傷つけたり，私益のために公益を，犠牲にするような行為は行わない」と宣言している．

さらに雑協は1963年10月，雑誌編集倫理綱領を制定している．言論・報道の自由，人権と名誉の尊重，法の尊重，社会・風俗，品位の五項目からなり，「殺人・暴力など残虐行為の誇大な表現をつつしむ．とくに犯罪報道や写真の

VIII　出版における〈表現〉の問題　131

取り扱いに当たっては，読者に悪影響を与えないように注意する」「職業を差別的に取り扱わない」など詳細な規定が盛り込まれている．

　一方で取次書店レベルでも，1952年4月には日本出版取次協会（取協）が出版物取次倫理綱領を，日本出版物小売業組合全国連合会（小売全連＝日書連の前身）も翌1953年10月に出版販売倫理綱領を発表した．どちらも，「世論が好ましくないと認める不良出版物の販売については，これは拒否する」旨の規定を置いている．このほか，広告表現については別途，それぞれの組織が綱領を有している．

　さらに，いわゆる有害図書規制の動きに対し上記4団体は出版業界全体としての自主規制効果を上げるため，1963年12月に出版倫理協議会を結成した．しかしこれらの自主規制ルールは，綱領を制定した業界団体加盟社のみを拘束するという制度的限界を有している．したがって，書協の場合でいえば，大手書店は加盟しているものの全体でみれば加盟率は1割そこそこでしかなく，大半のアウトサイダーにとっては直接的な効力を有さない．

　図書館業界にあっては，1954年5月に全国図書館大会・日本図書館協会総会の場で「図書館の自由に関する宣言」が採択され，1979年に大きな改訂を行った．新宣言では図書館の資料収集の自由，資料提供の自由等がうたわれている．また，1980年には「図書館員の倫理綱領」が制定された．

規制の理由付けと手法　規制の理由づけによって分ける場合のひとつ目は，表現内容によって行う規制である．内容規制の対象としては，主に政治的内容に関する出版物の表現，差別・猥褻等の表現，個人の人格を損なう表現がある．

　最初のカテゴリーに入るものの代表例は，米軍の秘密保持を定める刑事特別法やMSA秘密保護法で，国家の安全を守るために国家公務員法・地方公務員法・自衛隊法が，軍事・防衛上の秘密等を報ずることを禁止している．さらに社会の安寧（治安）を守るため，オウム事件で脚光を浴びた破壊活動防止法は，違法行為を扇動したり社会秩序を乱す言論を禁じている．そのほか民主主義の基本である公正な選挙を行うために，選挙報道については公職選挙法が詳細な

規定をもって雑誌等の報道を規制している．

次のカテゴリーは，人種や性などを理由とした差別的表現や暴力的表現，猥褻表現物や少年特定報道の法律による禁止・制限や自主規制である．猥褻表現物については刑法が頒布・販売・陳列行為を禁止（175条）しているほか，関税定率法によって「公安又は風俗を害すべき書籍，図画，彫刻物その他の物品」（21条1項3号）などを輸入禁制品として定めており，水際で流入を阻止している．

そして最後のカテゴリーには，刑法や民法に基づく名誉毀損・プライバシー侵害を理由とした規制がある．とりわけ世間の耳目を集めた事件の容疑者に対する犯人視報道や家族を含めた私生活暴きは，まさに雑誌ジャーナリズムの最も醜い面をさらけ出した報道といえる．行儀の悪さが週刊誌等の活力であることは否定できないが，さりとて書きっぱなしの現状を肯定するわけにはいかない．公人と私人の線引きや，公益性の判断，実名報道のあり方などは，ライターをはじめ，編集者，出版者がさらに検討すべき課題である．

もう一方の内容によらない規制とは，販売の時，所，方法といった情報発信のタイミングや態様を規制する方法である．出版の自由とは，自分が好きな時に好きな場所で好きな手法で出版・販売することであって，その一部でも欠けると出版の価値が半減してしまうことが少なくない．

たとえば，田中角栄金脈を暴いた『文藝春秋』の立花隆レポートにしても，首相の犯罪を暴くことに意味があるのであって，政界引退後にしか発表が許されなかったのでは歴史的価値はあるにせよ政治的社会的インパクトは大きく失われてしまう．一方で，本来は自由であるべき出版も，猥褻出版物を学校のそばでは販売禁止にするといった場所の規制や，数十部しか刷らない同人誌なら問題ないが，何百万部も発行されるマス媒体に発表するのであれば，必要最小限の規制は致し方ないという意見もあるだろう．

以下ではこれらの規制の妥当性を，もっとも日常的に発生しがちで，かつ近年大きな社会問題にまで発展した，未成年者の扱い，猥褻・差別表現と，名誉

毀損・プライバシー侵害の事例をもとに考えていく．いいかえれば，これらの事例は「出版の自由」の現代的課題を検討するうえで格好の材料で，おおよそ現在の出版界が抱える報道上の課題を網羅するものであるともいえる．

§2 差別・猥褻・子どもの扱い

国際基準としての差別表現禁止　日本の場合，以前から被差別部落や在日コリアン（韓国・朝鮮人）に関する差別表現が問題となり，そのたびに出版社や執筆者の謝罪と反省が繰り返されてきた．その結果は，メディア内で禁止用語の増大という形になって現れたものの，集団的名誉毀損ともよばれる特定のグループ・階層に対する差別表現を取り締まる法制度が存在しない状態を変えるにまでは至らなかった．そうした状況に大きな転機をもたらしたのが，1990年前後の社会的事象にまで発展した「差別表現」事件であり，もうひとつは差別表現を禁止する国際条約の批准であった．

　事件のひとつは，「ちびくろサンボ事件」とよばれるものである．1988年のワシントン・ポスト紙掲載の日本国内で使われている黒人キャラクター人形が人種差別的だとの告発記事を端緒にして，堺市の一市民が家族で黒人差別をなくす会を設立，各出版社に送った手紙を契機に，岩波書店，ポプラ社など当時11社から発行されていた『ちびくろサンボ』がすべて絶版，回収になった．さらに，図書館においても書架からはずす処置をとるところが出た．

　もうひとつの事件は，「断筆宣言事件」として知られるものである．発端は，1994年版角川書店の高校国語教科書『国語Ⅰ』に掲載された筒井康隆のブラックユーモア小説「無人警察」の記述が，癲癇病患者への偏見を助長するものとして，日本てんかん協会から抗議を受けたことにある．協会は教科書からの削除を角川書店，文部省，都道府県の教育長あてに行うとともに，文庫や全集の回収を要求した．これに対し筒井は，文学に対する削除や訂正要求は"言葉狩り"に他ならず，この風潮の強まりに抗議する意味から断筆を宣言するに至った．

一方，国際社会では第2次世界大戦におけるユダヤ人差別を二度と引き起こさないためにも，国連の設立とともに人種差別を禁止する条約の制定作業が始まり，1965年に採択されたのが人種差別撤廃条約である．日本もそれから30年後の1995年12月に加入（批准）した．条約は4条a項で，①人種的優越に基づく思想の流布，②人種的憎悪に基づく思想の流布，③人種差別の扇動，④人種等に対する暴力行為，⑤暴力行為の扇動，⑥人種主義的活動に対する援助の提供，といったいわゆる差別的表現を犯罪として定めることを締約国に求めている．

集団的名誉毀損の扱い　従来，日本において差別的表現の問題はもっぱら「倫理」の問題として取り扱われていた．もちろん，特定個人に対する差別的言動は，刑法上の侮辱罪や名誉毀損罪として訴えられたり，損害賠償の対象になりえたが，社会のマイノリティー集団に対する一般的な差別的表現を法的に規制する根拠法は存在しなかった．

　これに対して人種差別撤廃条約は差別表現を法的に禁ずることを求めており，外国では刑法や差別禁止法で取り締まっている．ただし日本の場合，こうした規制は憲法の保障する表現の自由と抵触するとして，「集会，結社及び表現の自由その他の権利と抵触しない限度において，これらの規定に基づく義務を履行する」との留保を付し，法的な効力が国内には及ばないようにしている．

　ただし，刑事罰は設けないにせよ，民事訴訟に与える影響は否定できないし，メディアの社会的役割や公共的使命から，抗議や苦情に対する受付・訂正の方法についても，さらに精緻な検討と制度化が求められる．そのひとつの回答が，2003年国会で継続審議の末廃案となった人権擁護法案であるといえる．

　同法案では，法務省管轄下の独立行政機関として「国内人権委員会」を設置して，この人権救済機関が差別言動の苦情申立を受けると，強制力をもってその実態を調査し，事案の調整・仲裁を行うことを予定していた．また，是正がなされない場合は勧告を出し，さらに訴訟参加によって問題解決を図る制度が用意されていた．そこでは，差別実態の解消とともに差別的表現の規制が目的

VIII　出版における〈表現〉の問題　135

として設定されていた．

　しかしここでは，法で厳密に規定されていない表現規制を，行政機関の現場判断で行ってよいのか，しかも場合によっては事実上の事前差し止めまで認められるような強制力をもった措置が許されるのか，という大きな問題をはらんでいる．そもそも，憲法で保障されている表現の自由を守るためには，できる限り出版社や作者の自主的な判断に委ねるべき「倫理」の領域に，行政判断を持ち込むことがふさわしいものか慎重な議論が必要だろう．

　一方で，倫理的な自主規制についても引き続き議論が求められている．その代表的課題のひとつは，出版社の用字用語の規制である．出版社側の最も確実で手間のかからない問題回避の方法は，危なそうな用字用語をあらかじめピックアップし，それの記述をなかば自動的に削除もしくはいいかえることである．しかし，ここでいう「危なそうな」が大きな問題を含んでおり，本来の差別を助長する恐れがあるという意味から，抗議を受ける可能性があるという意味にすりかわり，なおかつ無批判，無限定に禁句が増えていく状況が一部にみられてきた．

　コミック規制の危険性　1990年夏，和歌山県の主婦に始まったコミックの性描写に反対する，「有害コミック」問題は瞬く間に全国に広がった．この反対運動を受けて1991年以降，各自治体は青少年条例を改正，強化していった．一方で出版社側は，大手出版社を中心に自主規制を行い，販売取り止めや自主休刊，チェックシステムの強化などを打ち出した，同時期には，コミックスの主要な販売ルートである全国コンビニエンスチェーンも，しだいに取り扱いリストを整備するなど，自主規制を強めていった．

　この一連の動きの中で，出版の自由に関わる3つの動きに注目しておきたい．ひとつは，主婦や親の間に広まり地方自治体を動かした反ポルノキャンペーンの裏に仕掛人が居ること，2つには，青少年条例改正によって規制の運用や基準が甘くなったこと，3つには，自主規制が一般人の知る権利を侵す可能性が高いことである．

1点目については，自民党が所属議員あてに出した指示文書の存在が明らかになっている．1980年代の国家秘密法制定のときのスパイ天国キャンペーンでもそうであったが，マスコミ規制を狙う政権は市民をうまく利用して，自治体議会に法（条例）制定の請願書を提出するなど世論を盛り上げることを考えてくる．仕掛人にのった世論は，「草の根ファシズム」として強い力を発揮し，結果的に表現の自由を奪うことになる．

 2点目の1990年代に進んだ条例改正の主な内容は，第三者機関である審議会が個別に有害かどうかを審査する「個別指定」から，性描写の全体に占める割合など一定の基準を定め該当出版物を一律に販売禁止にする「包括指定」への変更，知事が販売規制の決定を審議会に諮らずに行える「緊急指定」への変更，警察官による書店への立ち入り調査，住民による「通報制度」の新設などである．どれも，実効性を高めるために手続きの簡略化や警察権限の強化をはかったものである．

 3点目は，条例による販売停止や自主規制による取り扱い中止が，一般成人のみたい自由を侵す可能性についての吟味である．性の商品化や性犯罪の誘発の可能性があるならば，その防止のためには表現の自由についても一定の規制が必要な場合があるだろう．しかし，表現行為そのものを法によって封じ込める，あるいは簡単な社内手続きで結果として社会から出版物を排除することが，行き過ぎた表現規制となる危険性がある．

自主規制の限界　　第3のポイントは，取次や書店，あるいは印刷会社（関連の製版や出力会社）が内容に責任を持つべきなのかという問題にも通じる．流通に携わる者が表現内容に口出しすることは，大きな矛盾と危険性を内包することになる．

 それは，もし内容チェックをすれば，それは出版社にとって（あるいは読者にとって）第三者による事前検閲に他ならないからである．あるいはまた，流通機構自らが内容規制をするならば，公権力からも内部チェックをする責任を求められる可能性が高まる．すでに猥褻表現物に関しては，売春防止法などを根

拠にピンクちらしを印刷した町工場や，ヘア写真集を印刷した大手印刷所が，刑事罰に問われ強制捜査の対象になっている．

　もちろん，各書店やコンビニエンスストアなどの販売の一線で，書物の選別が行われるのは当然である．その際，現在の社会常識から一定の猥褻表現物を成人向け出版と判断することはあり得よう．しかしそれは，けっして出版物を「良い」ものと「悪い」ものに分けることではなく，あくまでも読者層に合わせた区分に過ぎないとの自覚が必要ではないだろうか．その範囲でのみ，読者に対する責任を果たすべきであって，法に触れるか出版にふさわしい内容かの判断を下すことは，自らの首を絞めることになりかねない．

　権力の介入を防ぐためには自主規制は必要不可欠である．ただし注意が必要なのは，品行方正なメディアばかりを求めることは危険であるという点である．時として表面的な社会の健全化は時の公権力や社会的権威に対し無批判な雰囲気を生みかねない．猥褻表現は，ある人にとっては保護すべき表現の自由の最も外側に位置する表現行為かも知れないが，その表現の規制を簡単に許すことは，次には別の表現行為を公権力から攻められる状況におくことに他ならないからである．

少年特定報道の禁止

少年法61条は，触法少年（犯罪を犯した少年）の推知報道を禁止する．よく知られる，氏名，顔写真など少年を特定する情報の公表を禁じ，それによって少年の社会復帰をたやすくすることを目的とした条項である．また同条には罰則規定はなく，すべてのメディアがその社会的責任を全うしてルールを遵守することが期待されている．関連して同法22条は少年審判の非公開を定め，報道機関も含め一切のアクセスを禁止している．

　こうした「訓示規定」には当然例外が予定されており，すでに1950年代に報道機関を代表して新聞協会と司法当局との話し合いの結果，逃亡中の凶悪犯罪を犯した少年の場合などは，メディアが自主的な判断で実名・顔写真報道を行う場合があることを確認している．また警察側も2003年12月になって，同様な場合には実名・顔写真を公開して捜査に当たる旨を発表した．

一方で，一部雑誌が1990年代後半に相次いで顔写真や実名を報道したり，多くのメディアが当該少年についての取材をするために近隣で実名・顔写真を広範に流布するなど，メディアの取材・報道が法の規定もしくは精神に反するとの批判を浴びている．同時に，当該少年から特定報道をした雑誌社に対し損害賠償訴訟が提起される事態にもなった．

　裁判で少年側は子どもの成長発達権を主張し，実名報道はその権利侵害に当たるとしたが，裁判所はそうした新しい権利を認めないまでも，事件の被疑者にもプライバシーは存在し，少年の場合は少年法などからとりわけ保護されるべきとして，報道側に賠償責任を認める傾向にある．

　ジャーナリズムが時として法を超えて正義を追及すべき時があることは認められるし，雑誌ジャーナリズムの場合は社会的な常識にあえて反発して問題提起をすることがあってもよかろう．しかしその場合には，訓示規定に込められた自主規制の期待を裏切ることになる危険性もあわせて考える必要がある．すなわち，罰則規定の導入＝法規制強化である．

　また，そうした刑事罰がないにせよ，現行規定が民事損害賠償の根拠となったり，法務省人権擁護局の勧告や裁判所の要望といった形で，行政機関に表現行為に対する介入のきっかけを与える結果を生むことも忘れてはならない．こうした形の行政指導が，法規制に以上に流通を止める働きをもったり，現場に萎縮効果を生むことがあるからである．

§3　新たな展開と権利救済制度

　国際化の中の表現規制　世はマルチメディア時代の到来を告げている．その中で，出版物という言葉が表す範囲も拡大を続けている．古典的な活字出版物の一部は，すでにCDなどのパッケージ系のデジタル（電子）出版物にとって代わった．あるいは，辞書といえば紙ではなく電子辞書をさすほどまでになっている状況もある．さらにいまalso，オンライン出版物とでもいうべき，インターネットやパソコン通信を媒介したメールマガジンやデジタルブックという

形の雑誌や書籍が誕生している．

　パソコンユーザーが受け手であると同時に送り手である状況を迎え，もはや国家対市民，メディア対市民の枠組みで考えられていた出版の自由の考え方が通用しない側面が出てきた．あるいは，雑誌や書籍といった"形"を伴うパッケージ商品から，個々のコンテンツ（内容）が独立した形で発信可能になった現在，従来の規制の手法は通じづらくなってきている．

　さらに，税関検閲に代表されるように，従来は国内完結型の法システムによって日本国内に流通する出版物を規制することがある程度物理的に可能であった．しかしいまや，年間何百万人もの人が出入国を繰り返し，また電波や回線を通じて情報は簡単に海を超えてやってくる．

　こうした国際化時代に，出版物を水際で堰止めようという発想自体が，あるいは日本だけが独立して他国の規制実態とはかけ離れた基準で取り締まろうという運用自体が，破綻をきたしている．この点，法も行政も社会の情報環境に対して明らかに遅れをとっている．

　だからといって，古典的な出版の自由の問題が消えたわけではない．法律上きわめて手厚い保護を受けている日本の出版の自由も，内実ではその自由の度合はきわめて危ういものであるし，また出版界自身にも自らの出版の自由を守り，ひいては表現の自由を拡大していこうという気概や責任を疑うような行動が散見されている．

　表現の自由原則の揺らぎ　近年，いわゆるコミュニケーションを規制することを目的とする立法が相次いでいる．プロバイダー責任法や不正アクセス禁止法，出会い系サイト規制法などはどれも，インターネット上の違法な表現行為に対抗するため考えられた新しい法制度である．あるいは，盗聴法（通信傍受法）やサイバー犯罪条約なども，より広範な犯罪行為への対抗手段ではあるが，表現行為にも大いに影響がある．

　そこでは，「通信の秘密」という憲法21条の基本原則に風穴をあけ，表現の自由をやむをえず規制する場合の違憲立法審査基準である，「明白に現存する

危険」テストや「手続き的保障」テストに抵触する可能性を色濃く残しながら，市民生活の安全といった「公共の福祉」を優先させる形で，表現の自由が一歩退く形をとってきている．

　こうした状況はとどまることなく現在進行形で続いており，三会期をまたいで継続審議となっていた個人情報保護法（および行政機関個人情報保護法）は，新たな報道定義を設け，報道目的で収集した個人情報等を法の適用除外とすることで成立した．しかし法条文上では，新聞社，放送局が例示される一方，出版社ははずされることになった．

　自民党が主導し，民主党も別の形での法案を用意する，青少年有害環境対策基本法案（子ども保護法）も，内閣法制局のチェックが終わり上程準備が整っているといわれる．さらに2010年頃の導入が予定されている裁判員制度に伴って事件・裁判報道の規制も企図されている．

　これらは総じて，表現の自由の基本原則に抵触するとともに，メディアの社会的地位を否定もしくは軽視したり，メディアあるいは情報（表現内容）の選別化を進めるもので，意図的あるいは直截的であるかどうかを問わず，結果としては表現の自由に重大な危機をもたらす可能性が高い．

　しかも問題をより複雑化するのは，ここに述べた法律のほとんどが，市民の人権を保障するために必要不可欠の「よい法律」の側面を持つことである．しかし一方で，従来の表現の自由原則を転換しかねない落とし穴があることを，見過ごしてはならない．

　報道被害の救済　そして重要なのは，ここにきて権力側と市民感情に共通点がみられることである．これは，従来の対極構造（公権力 vs.メディア&市民）から，メディア vs.市民 vs.公権力の三極構造を経由して，いまや新たな二極構造（公権力&市民 vs.メディア）の時代になっているということを意味する．具体的には，マスメディアによる報道被害に対する厳しい批判を前提に，強制力をもった被害救済のための法規制強化や，行政主導の第三者機関によるマスメディアに対するチェック・システムの導入（そのひとつとしての国内人権委員会）が，世

論の後押しを受けて政治家や行政によって準備されるという流れとなってあらわれてきている．

　だからこそ，取材・報道によって権利侵害があった場合，その救済の道が出版界の自律的な制度として用意されていることが求められることになる．現在でももちろん，社会的制度としては司法救済が存在し，刑事裁判によって刑事罰を科したり，民事裁判によって事後的に損害賠償金を支払ったり，謝罪広告を掲載することで原状回復措置をはかるほか，出版禁止などの事前差し止めを行うことができる．

　しかも新しい傾向として，損害賠償額の高額化がある．メディア訴訟が一般化しはじめた 1980 年代は，名誉毀損やプライバシー侵害に対する損害賠償額は 1 件 5 万円とかせいぜい 50 万円といった低額しか認められなかったが，90 年代の 100 万円ルールと呼び称された時代を経て，2000 年以降は有名人のプライベートの行状を暴露した雑誌記事に対し 500 万円の壁を超え，1,000 万円判決が出る状況にまでなってきている．これは，メディアにとっても「書き得」の時代の終焉を意味している．

　しかし司法救済は，弁護士費用等の出費がかさむうえ時間も労力もかかり，被害者にとってはより簡単にしかも迅速な解決手段が期待されている．こうした声に対し出版界でも，従来の出版倫理協議会（出倫協）やゾーニング委員会（2001 年）といった「予防」システムに加え，雑誌人権ボックス（2002 年）を立ち上げ「救済」にも目を向けるようになってきている．

　また 2001 年以降は，メディアスクラムと称される集団的過熱取材に対するために設置された各地の報道関係機関（新聞・通信・放送社）の連絡会が各地で自主規制を実施し，取材対象者のプライバシー侵害を未然に防止してきている．だからこそ出版界においても次のステップとして，自主的な苦情処理システムを整備することが期待される．それはまた多大な社会的影響力をもつマスメディアが自らの力とともに社会的な責務を自覚することではなかろうか．その際には，第三者性を確保しつつ「安簡早」（廉価で容易に迅速）な苦情対応・被害救

済が行われるような制度・組織が望まれるだろう．

(山田　健太)

参考図書
山田健太『法とジャーナリズム——言論法のすすめ』学陽書房　2004年
清水英夫監修『マスコミ判例六法』現代人文社　1999年
天野勝文・生田真司編著『新版　現場からみた新聞学——取材・報道を中心に』学文社　2002年
天野勝文・松岡新児・植田康夫編著『新　現代マスコミ論のポイント——新聞・放送・出版・マルチメディア』学文社　2004年
清水英夫ほか『マスコミュニケーション概論』学陽書房　1997年

IX 出版人の資質と課題
―― 偉大な出版人は一種の文化大臣である ――
（ジョン・モーリー卿[1]）

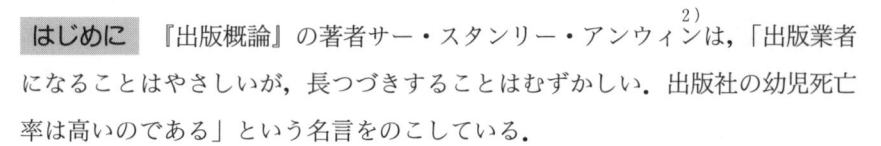

はじめに　『出版概論』の著者サー・スタンリー・アンウィン[2]は，「出版業者になることはやさしいが，長つづきすることはむずかしい．出版社の幼児死亡率は高いのである」という名言をのこしている．

　これは，出版が一点一点，人の企画力に頼ったオリジナルな商品であり，本質的に手づくりを基本にした業態であることを物語っている．

　資質として求められるものは，第一に不退転の志であり，持続力，時代を先読みできるジャーナリスト感覚，あくなきチャレンジ精神である．

　この資質と，業績から推して，生きたあかしの筆頭に浮かびあがってくるのは，出版人としてただひとりの文化勲章受章者だった岩波茂雄であろう．受章を報じた1946年（昭和21）2月11日の朝日新聞は，

　「30年間にわたる終始優良な図書の良心的出版をし，『岩波文庫』『岩波全書』『岩波新書』その他自然精神両科学の各領域にわたり既刊総点数3,500点，総部数6,500万冊に上っている．」

　と，受章の理由を解説した上で，さらに次の通りに述べていた．

　「岩波茂雄氏の文化勲章贈呈は異彩といえよう．徒手空拳，大正2年神田で

古本屋を始め，ことにかつての円本汎濫時代に刊行を始めた『岩波文庫』はレクラム文庫に範を求めながらレクラムを凌ぐほどの功績を納めた。」

岩波は，受章のよろこびをひかえ目に，次のように語ったが，その言葉に"黒子"といわれる出版人の立場を，巧まずして表現していた。

「良書は作家，校訂者，印刷者などの総力によって世に出るもので，思想家，芸術家たちの余光で，私はその時々に応じて忠実に伝達した一配達夫に過ぎません。」

出版人のつとめを，文化の配達夫にたとえた岩波の出版人生は，文豪夏目漱石の知遇をえたことで軌道にのせている。没後，全集の出版を許され，その流れの中から小宮豊隆，和辻哲郎，芥川龍之介，寺田寅彦，阿部次郎，安部能成，野上豊一郎，西田幾太郎など，漱石山脈に連なる一流文化人を執筆者につかみ，アドバイザーとしたのである。

<u>謙虚で誠実であれ</u>　出版社を経営する不可欠な条件の第一は，すぐれた著者との信頼関係の確立である。岩波はその出発点で，当代一流の文化人と，理想的な形で結ばれた。そして，それら一流人の著作を出版することで，良心的な出版社に成長するはずみをつかんだのである。

いまひとつ，特筆すべきは，岩波店主を支える店員に，すぐれた働き者を集めたことだった。彼の下には，漱石との結びつきをつくった安部の縁辺に連なる堤常，岩波と同郷・信州に出自をもつ小林勇，長田幹雄らがいた。

彼らは，小学校卒業と同時に上京して来た者たちだったが，店主に心服し，その振舞とすぐれた著者らに啓蒙されて，見識は一流人に優るとも劣らないレベルに育ったのである。

岩波亡きあと，会長を務めて戦後を支えた娘婿の小林勇は，店主の人となりを次のように述べていた。

「出版社に働いている者が，皆いろいろの知識があるわけではない。むしろ何も知らぬ連中が集まっていると思っていい。それでは出版する本の選択などどうするのだという疑問が起きると思う。そこで出版者の人柄が問題になる。

出版者は謙虚で誠実でなければならない．社会の進歩のために役立つ人間になる心構えを忘れてはならない．こういう基本的なことを守っていれば，たとえ自分に知識学識がなくても，人が助けてくれる．優れた人の意見を引出し実行する能力さえあれば，あらゆる分野に秀れた顧問友人ができる．岩波茂雄はそういう条件をもったひとであった．私は若い時からおぼろげにそう考えていた．」

　小林のこの言葉は，とりもなおさず岩波書店の幹部にいえることであった．一例をあげれば，昭和戦前の最高の碩学であった幸田露伴と小林勇の交流は，[4] 心と心の通じあったものにのみ許される理想的な人間関係だった．

　岩波茂雄は，文化勲章を受章したその年に急逝した．65歳だった．2代目は次男雄次郎が継ぎ，義兄の小林がうしろだてとなった．2代目は，創業者が戦後の日本へ遺した総合雑誌『世界』を，軌道にのせるべく努力した．『世界』は，日本に優れた知性が存在しながら，祖国か亡国の道へ進んだ過ちを，阻止しえなかったことへの深い反省をこめて「今後再びこの過ちを犯さないためには，広汎な国民と文化との結びつきに努めねばならない[5]」という悲願のあらわれだった．

　創刊編集長に吉野源三郎を迎えたことが，『世界』を硬質で一貫した主義主張をもった総合雑誌に育て上げた．吉野は戦後の平和運動の旗振りとして，どうやって現実に働きかけて歴史を変えるかを，82年の生涯を終えるまで追究しつづけた．

　雄次郎は，1978年に代表取締役社長を1950年入社の緑川亨に譲って，代表権をもつ会長に退いた．禅譲の理由は，創業者である父の後を継いで満32年が経過し，「父が岩波書店を創めましてから亡くなるまでが32年と8か月であったことを思い」「父が一生かかって遺した創業の精神を受け継ぎ，出版の本道を踏みはずすことなく今日まで参ることが出来たのではないか……」との使命達成感からだった．

　世襲制が根強い出版界で，3代目にして血のつながらぬ生え抜き社員を，社

長に起用する流れをつくったことは異例だった．

　しかし，出版事業の眼目が「個性の持続にある」と考えたとき，創業者の血につながらなくても，経営者は志を持続する心が固いかぎり，生きつづけていくはずだった．

　見識と先見性　　すぐれた資質のある出版人は，一国の政治を総括する宰相にも匹敵する見識がある．

　現実に，東洋経済新報社の中興の祖・石橋湛山が，出版界から政界に転じて55年体制のトバ口で，総理大臣の印綬を帯びている．

　石橋は1924年から敗戦後までの23年間『東洋経済新報』第5代の主幹として健筆をふるい，自由主義，民主主義，平和主義を三原則とする社の言論を守り，経営を担った．

　創刊以来，同誌のドラスティックな姿勢を示す名論卓説は枚挙にいとまがないが，出版史に残る一大論説は，日本が日露戦争後軍備を増強して韓国を併合，満鉄を足場に中国大陸へ拡張政策をおしすすめ始めたとき，"大日本主義"を真っ向から批判して「植民地はコストがかかり，小さな利益しか生まない．わずかな資源を得ても，大陸の何億の民を敵に回し，かえって大きな損失を招く．むしろ植民地がない方が日本経済は発展する」と，統計数学を駆使して，領土拡張主義を排撃したのである．そして，自由な経済活動を通して日本の繁栄を図れと"小日本主義"の論陣を張った．

　石橋の先代主幹・三浦銕太郎（てつたろう）の先見性に富んだ卓説だったが，この考えは5代目に引き継がれて，拡大再生産されることになった．

　石橋のハイライトは，日中戦争から太平洋戦争へと戦火が広がる時代に，"自爆覚悟"で戦争を批判する論陣を張った見識だった．

　婉曲な表現をとっての批判だったが，そのしっぺ返しは次つぎに襲ってきた．記事の差し止め，厳重注意，削除処分とエスカレートしていった．東条英機内閣が倒れた1944年7月，小磯・米内内閣が成立した直後，石橋は「東条内閣辞職の理由」を掲載した[6]．

3,200字足らずの記事だったが，東条内閣の罪状を具体的に3か条挙げ「国民の自主制を極端に抑圧し，為めに国民の態度を消極に込み，積極的敢戦意欲を消磨せしめた」と，慎重な表現ながら，手厳しい批判を行ったのである．

雑誌を発行直後「内閣を誹謗するもの」と，52行にわたる削除処分を受けたが，心ある読者は「近来稀に見る愛国の大論文」と激賞した．

1945年に入り，小磯・米内内閣が倒れて鈴木貫太郎内閣が成立すると，石橋は「不可能を可能にせよ」（昭和20年4月21日発行第2168号）と，新内閣に戦争終結を強く求めた．

ついで，ソ連参戦から1週間後に日本が無条件降伏をするや，紙不足で表紙共8ページにやせ細った『週刊東洋経済新報』（昭和20年8月25日発行，第2186号）に，2ページを追加させて，石橋湛山の筆で「更正日本の門出――前途は実に洋々たり」を掲載した．

名実ともに戦後の第1号となった9月1日（第2187号）には，巻頭に「更正日本の針路」を載せ，「海外領土を失っても，人間頭脳の活動を禁止し，それから生まれ出る物に制限を加えることができない以上，科学精神に徹底すれば前途洋々たるものだ」と論じた．

日本の戦後を適確に見通した力強い一文だった．四半世紀前に主張した"小日本主義"の道を辿ることになったわけだが，出版人・ジャーナリストとして，これだけの慧眼の持ち主は，近・現代出版史上まれであった．

出版は天下の公器　出版人の日常は，峙（そばだ）つ崖っぷちを歩くような，危険と隣り合わせの決断の日々である．一点一点が，新商品である多品種少量生産の宿命だが，そのいとなみの中で完成までに10年，20年の長い年月と，厖大な先行投資を必要とする難関中の難関が，浩瀚（こうかん）な事典，辞書類の刊行であった．

大修館書店の創業者・鈴木一平が，持ち前の負けじ魂の一徹さで，畢生の『大漢和辞典』に取り組むきっかけは，昭和初期の円本ブームにあった．

出版史を動かすこととなったブームの原点は，改造社の『現代日本文学全

集』全37巻（のち63巻に増巻）だった．1926年，改造社は突如，菊版（縦22センチ，横15センチ）平均600ページ前後の6号総ルビ活字3段組の本1冊を，1円という廉価で売り出し，たちまち，予約会員25万人を獲得．他社は桁外れの予約申し込みを知って，同工異曲の円本全集企画に殺到したのである．

鈴木は狂乱のきわみになったブームをみて，「一国の文化を代表するほどの良書出版は誠に少ない」と嘆き，「いやしくも出版は天下の公器である．一国の文化の水準と，その全貌を示す出版物を出さねばならぬ」と，権威のある辞典の刊行を考えるに至ったのである．

日本の文字は，表意的音節文字の漢字の恩恵を受けて案出されているのに，当時は満足な『漢和辞典』がなかった．鈴木は北京留学から帰国したばかりの諸橋轍次に白羽の矢を立て，足繁く通ってようやく『漢和辞典』の執筆を引き受けてもらった．

しかし，新鋭が腰をすえてとりかかってみると，とても1冊はおろか，2冊や3冊で済まないことがわかり，進行の途中で大冊になる旨を告げた．

鈴木は諸橋の言葉を聞いて2，3日熟考のうえで「私は出版人としてお願いした以上，絶対内容本位の，後世に残るものにしたい．私の働きました収入の余りは全部打ち込みますから，先生の思い通りにやっていただきたい」と，不退転の決意を述べたのだった．

諸橋の構想では『大漢和辞典』のために必要とする漢字は4万9,000字．当時，日本で使用されている漢字は8,000字程度だった．差し引き4万1,000字は足りないわけで，辞典に使う活字は，さらに親文字用の大活字から，説明用の小活字まで六種類——つまり4万9,000字の6倍，約30万字が要る計算だった．

鈴木は，当時一流の木版彫刻師数十名を動員して，必要とする1本1本を彫り上げることから準備に入った．予想だにしない準備に加えて，日中戦争に継ぐ太平洋戦争の勃発で，用紙をはじめ資材不足で進行は大幅に遅れることとなった．

資材の購入，稿料の支払いといった出費はつづいたが，第1巻が刊行されたのは企画のスタートから十数年後だった．

続く第2巻を進行中の1945年2月15日の東京空襲で，印刷途上の資材組み置き原版の一切を焼失する悲運に見舞われる．鈴木がこの痛手から立ち直るのは敗戦後だった．

再スタートに当って，彼は事業半ばで死去し，刊行に支障を来たしては申し訳ないと，長男を医大から退学させて経営に参加させ，次男に東大入学を断念させて，辞典に必須な技術である写真植字を習得させることにした．

「私の亡き後でも，私の分身が必ずこの仕事をなし遂げられる万全の態勢をとり，父子2代の運命を賭けてやり抜く決意を固め，それを実行した」

と，『大漢和辞典』出版後記に，鈴木は記している．

『大漢和辞典』の最終巻第13巻が刊行されたのは，1960年5月25日だった．昭和初期からかけた歳月は35年におよび，その間25万8千人の労力と，総経費は時価で9億円の巨額に上った．

鈴木一平は，一国の文化事業に匹敵する大出版を，不退転の信念でやってのけたのである．

ジャーナリスト感覚をもつ　40代半ばで個人全集を刊行している菊池寛を[7]，出版人の範疇に加えることに異論があるかもしれない．

菊池は頼まれて物をいうことに飽き，自分で考えていることを，読者や編集者に気兼ねなしに自由潤達にいってみたい．逆に機会がなく，物をいいたくてもいえない友人や後輩のために，発言の機会を与えようと1923年に月刊誌『文藝春秋』を創刊している[8]．

やめたい時にはいつでもやめる覚悟でスタートしたが，ライバル誌と目される『中央公論』『改造』誌などが80銭から1円の時代に，本文28ページの手の中に軽くまるめられる薄さとはいえ，10銭という安さと華やかな執筆陣と，躍動する誌面の面白さが受けて，号を追うごとに発行部数を伸ばし，10年足らずで一大総合雑誌に育てあげてしまった．

「座談会」という名プランをはじめ，ページの余白に埋め草を入れる菊池寛の編集術は，彼の才能に卓抜したジャーナリスト感覚のあったことを頷かせる．

1933年に情実入社から社員公募に踏み切ったが，その第1回社員として入社したのが，佐佐木茂索と，戦後『文藝春秋』を興隆に導く池島信平であった．菊池は東大の西洋史学科に学んだ池島を，「話」編集部へ所属させ，埋れている面白い話題の持ち主を探して，その記事をまとめさせる修練を課した．

池島は「ここで社会部のような仕事を長くやらされたが，この間の仕事は後にたいへん役立つ」経験をする（池島信平『雑誌記者』46ページ）．

たくさんの人に会い，その談話を原稿にまとめるが，どんな難問題，硬派記事もわかりやすく面白くコナしてしまうコツを身につけさせられたのである．

その編集術が，戦後，池島の手によって大躍進をする『文藝春秋』に，見事なまでに生かされた．彼は菊地の手法に加えて，敗戦直後，文字通り「洛陽の紙価を高めた」アメリカの「リーダーズ・ダイジェスト」の糖衣編集法（シュガー・コーテッド）に学んで，思いきったノン・フィクション路線を採用したのである．

論文・評論・読ものが誌面を占める総合雑誌に，大幅にページ数を割いて，ノン・フィクションを採用したのは，満州事変から日中戦争，太平洋戦争へとつづいた十数年間の日本人の体験を，昔の人の一世紀・二世紀に相当する波乱に富んだ体験と受けとめたからである（前著228ページ）．

その体験を雑誌の記事にすれば，これにつながる話は，みな自分に覚えのあることで，また異常な体験であるので，小説よりも奇で飽きないはずである．

池島は，次のように述べている．

「戦後の激しい混乱時代には，普通の小説や読物ではなかなか読者をつなぐことができない．よい作品を読んで，静かに感動するというような時代ではない．なまのままの激しい思想の移り変わり，あるいは個人の凄惨な体験が読者の心を打つ．いうなれば，雑誌の記事からいえば，ノン・フィクションの時代が来たものと思う．」

IX　出版人の資質と課題　151

　池島は，創業者菊池から数えて三代目社長に就くが，彼の編集の衣鉢を継いで『文藝春秋』編集長時代の'73年11月号特集記事「田中角栄研究——その金脈と人脈」⁹⁾で，戦後最強の内閣を瓦解に追い込むのが，七代目社長となる田中健五だった．

　田中は，新潟の寒村から裸一貫で上京し，激動の戦後の政界を巧みに泳いで，54歳の若さで宰相にまでなった田中角栄の天才的ともいえる人心掌握術，強引な錬金術を斬ってみたい考えがあった．

　かつての部下で，フリーとなった気鋭のライター立花隆と，女性誌記者上りの児玉隆也を起用し，角栄の金脈と人脈に加えて，「淋しき越山会の女王——もう一つの田中角栄論」を大特集したところ，内外の新聞が喧喧（けんけん）ごうごうたる反応を巻き起こし，結果として田中内閣崩壊の原動力となったのである．

　数十万部の総合雑誌が，数百万部を発行する大新聞を動かし，一大世論をつくり上げたわけだが，これは田中健五の持論「総合雑誌は，反時代性を根底にもて．時流に疑問を持って，新聞のやらないことをやれ」¹⁰⁾を果敢に実践したからだった．

　文春ジャーナリズムの祖，菊池寛の「論より事実」を追う編集方針がもたらした結果で，菊池はいまひとつ，親友の芥川龍之介，直木三十五の名前を冠した新人作家，文壇への登竜門の文学賞を制定していた．現在400賞に上る各文学賞の事始めであった．

独創誌のつくり方　戦後スタートの出版人で1950年，1960年代に突出した出版人は，平凡出版（現マガジンハウス）創立者の岩堀喜之助と清水達夫である．

　岩堀は，昭和の不世出歌手，美空ひばりと2人3脚で雑誌「平凡」を，戦後はじめてのミリオン誌におしあげ，ものづくりの匠と信頼を寄せる清水に編集を一任して，『週刊平凡』『平凡パンチ』『アンアン』『クロワッサン』と，オリジナリティーに富んだ新雑誌を，次つぎにマスマガジンに育てあげさせたのである．

　清水の編集哲学は，アメリカの『ニューヨーカー』の名編集長だったハロル

ド・ロスと同じ「自分の好きなものだけを活字にする．それを好きな読者だけが読む」であった．その原則に加えて，新しい雑誌を手がける時，徹底的にこだわるのが雑誌の顔である表紙の創造だった．

「新しい雑誌の死命を制するものは表紙です．表紙こそ，雑誌づくりのポイントです．だから，表紙が決まれば，新雑誌は出来たことになります．」[11]

と，折にふれて語っていた．

『週刊平凡』は異種交配という異種なものをミックスすることで，インパクトのある表紙を創りあげる．『平凡パンチ』は，女子美術大学で学ぶ画家の卵を起用して，パステル画で同誌のターゲットとする若者の群れを描かせあざやかな成功誌としていた．

清水の編集血脈をストレートに継承した木滑良久は，岩堀，清水につぐ3代目の社長になるが，彼の雑誌づくりの要諦は，彼のそれであり「自分の興味あること，面白いと思うプランを誌面に反映させる」に尽きている．

ただし，独創的な新しい雑誌を創りだすまでは，寝食を忘れてひたむきに没頭するが，ひとたび軌道にのるとすぐ飽きて次の新雑誌にかかわるという——生涯一編集者を標榜していた清水達夫の生き方を，これまたストレートに受け継いでいた．

「"飽きる"ということ——そんな風に言ったら清水に叱られちゃうかもしれないのですが，とにかく，今までザラ紙，活版で特集記事に大袈裟なタイトルをつけてやっていると，もうこれは嫌いで，きれいな紙の本をつくりたいという，そういう欲望がでてくるワケです．」[12]

よくいえば，あくなき新し屋ということになるが，木滑自身も長年，清水に仕えている間に，習性となってしまったのである．

この師弟コンビが，編集の全面協力者として採用したのがアート・ディレクター制度だった『平凡パンチ』の創刊準備にかかっていた頃清水がアメリカのプレイボーイ社を訪問し，同誌で絶大な権限を握るアート・ディレクターの存在を知って，『アンアン』の創刊から堀内誠一を担当に据え，読む雑誌からみ

る雑誌へと変わる時代の先導役をはたしたのである．

> コミック誌の世界　これほどの雑誌づくりの匠・清水も，コミック誌は食わず嫌いで，あたら創刊のチャンスを逸し，経営に遅れを招く遠因をつくった．

　ピーク時の1994年の新年号で648万部という空前の発行部数を記録した集英社の『週刊少年ジャンプ』は，その点先行誌の10年遅れでスタートしていた．

　講談社の『週刊少年マガジン』，小学館の『週刊少年サンデー』が百万部を超えた1968年7月にその10分の1程度の10万5,000部，月2回の刊行の形で創刊された．初代編集長は長野規で，集英社が再スタートした戦後の1940年代に，姉妹社の小学館から移ってきた少年誌づくりのベテランだった．

　長野は，創刊の編集会議で「目標の部数は百万部である」といって，部員を啞然とさせた．理由は，『少年ジャンプ』の名刺では，既成マンガ家を訪れても門前払いをくわされていたからだった．

　力のある著名マンガ家の作品を掲載できないのでは，先行誌に太刀打ちはできない．彼は苦肉の策として，才能ある新人の発掘を積極的に図り，登用する方針をたてた．併せて先行誌に比べて「マンガの本数と頁数が多い」を売りものにする戦術を展開することにした．「よその雑誌が，玉子とかシャケの切り身の入った見かけのいい駅弁としたら，うちはシャケとノリだけのニギリめし弁当というわけです．ただし，めしの量だけは他の駅弁には負けない……少年誌にとって，当時マンガはめしに相当する時代でしたからね．」

　手塚治虫がいう，マンガが悪者からおやつをへて，子どもたちの主食と評価される時代に入っていたのである．

　大きなニギリめし戦術は，号を追うごとに購買部数が増え，40万部に達した時点で週刊に切り換え，育成した新人を専属性にして，契約期間中は『ジャンプ』だけに全力投球させることにした．

　長野につづく歴代編集長は，平均読者層と考える小学校5・6年生の求めているものが，"友情・努力・勝利"の3つにあることを探り当て，このキーワ

ードに沿った熱血マンガの主人公（キャラクター）づくりに全力を傾注した．掲載されるマンガは，すべてマンツーマン方式で，作者と担当編集者がアイデアを練り，激しく意見を戦わして，面白いと納得されたものだけが採用された．

その上で，人気カウンター方式による掲載マンガの面白度・人気度を，読者からの投票によって，毎号集計することにしたのである．20本あまりの作品の中から，面白かったもの3つに○印をつけさせ，勝ちのこりを図る方式であった．多いときは12，13万通，平均で5万通は寄せられる回答の中から，毎週1,000通をアトランダムに選び出し，年齢を集計した上で人気度の低い作品は10週目で切っていくことにしたのである．

見方によっては，商業主義，効率主義を地で行く非情さであった．しかし，読者の手によるこの淘汰方式は，ケタはずれの大部数を維持するガリバー誌の生き残りの条件だった．

顰蹙（ひんしゅく）を挺として　「よくも悪くも，編集者や出版人の古いスタイルは，出版界から徐々に消えつつある．いまや，はるかに精力的な，意欲的な，あえていうなら利益志向の出版人が現われている」と，いわれるようになるのは，ブロックバスター時代の到来の頃からである．街の1ブロックを，強力な爆弾で吹き飛ばしてしまうといった意味から転じて，短期間にモロモロの手段を用いて，大ベストセラーをつくりあげる戦術であった．

1993年春にスタートした見城徹の率いる幻冬舎が，ブロックバスター時代の申し子と目されている．見城は一世紀の歴史ある社で2・3本もあれば僥倖とみられるミリオンセラーは，創立10年足らずで7点も出しているのである．天童荒太の『永遠の仔』，唐沢寿明の『ふたり』，五木寛之の『大河の一滴』『人生の目的』，石原慎太郎の『弟』，郷ひろみの『ダディ』，向山淳子・向山貴彦の『ビッグ・ファット・キャットの世界一簡単な英語の本』であった．

見城は，角川書店にアルバイトから入社し『月刊カドカワ』の編集長時代に実売を十数倍に伸ばし，同社のベストセラーをほとんど一人で手がけていた．さらに，担当したつかこうへいの『蒲田行進曲』，山田詠美の『ソウル・ミュ

ージック・ラバーズ・オンリー』，有明夏夫の『大浪花諸人往来』，村松友視の『時代屋の女房』，景山民夫の『遠い海から来たCoo』の5本を，直木賞授賞作品に押し上げていた．

噴々（せきせき）たるその実績の上に，見城は角川書店の編集担当の役員として，安穏な生活を営むことは容易だった．が，彼はあえてもう一度ゼロに戻り，ひとつ間違えば地獄へ落ちる薄氷を踏んでみたい思いに駆りたてられた．

「顰蹙は金を出してでも買え」「薄氷はできるだけ薄くして踏め」「どんな小さな約束でも，約束は必ず守れ」という自らに課した3つの誓いを実践する，きわめてハイリスク・ハイリターンの行為にほかならなかった．

角川時代の6人の同志と，見城徹が五木寛之の名づけた幻冬舎を立ち上げたのは，バブル経済の破綻後であった．衰退久しい文芸出版へ，あえて切り込んでいく決意を固めて「闘争宣言」と謳った創業の挨拶状を関係者に送るが，売れない責は一につくる側にあるとして，次のように述べていた．

「……大手寡占状態の中で，出版社は作者と読者の両方の胸の鼓動や息遣いに耳を澄ますことなく本を送り出しているのではないか？　血を流し，葛藤し，渇えている作者と読者のひとりひとりに対してあまりにもヌクヌクと生活しているのではないか？（中略）私たちには今，何もありません．しかし，そのことが気持ちのよいことだと感じています．私たちを縛る出版界の常識もありません．ですから，史上最大の作戦もゲリラ戦も自由に戦うことができます．」

まだ1点の出版もしていないで，攻撃的なあまりに攻撃的と受けとれる宣言は，閉塞の久しい出版界に大きな波紋を呼んだ．

その波紋が衝撃に変わるのは，1993年3月25日の大手新聞全一頁を埋めた6人の作家の顔ぶれと作品だった．五木寛之・北方謙三・篠山紀信・村上龍・山田詠美・吉本ばななと数年先まで執筆予定が組まれた超多忙作家ばかりだったのである．

彼らが幻冬舎に書き下ろした作品の売れゆきは素晴しかった．朝日新聞の読書欄1994年4月10日朝刊は，「新参の『幻冬舎』が連続ヒット」の見出しを

立て「著名な作家たちの作品だから売れても当たり前、との見方もある。だが、こうした作家の作品は、大手出版社にほぼ独占されており、新顔の小出版社では、まず手が出ないのが現状だ」として、それを可能にしたのは、見城徹とその同志が「作家たちとの厚い信頼関係を築いてきたあかし」と分析．

「幻冬舎の"壮挙"は、ビジネス本位の色彩を強めている本づくりの世界に、夢見る機会がまだ残っていることを、教えてくれる．」

と、賛えていた．

冒頭で紹介したアンウィンは、「出版業は収支相償うことすら困難である」と教え、「もし金儲けが君の第一の目標であったら、出版を始めてはいけない．自分の仕事をただ金儲けの手段としてだけ考える出版業者は、もっぱら料金のことだけを気にしている医者と同じ感じを相手に与えるものである．出版業というものは、金銭よりもはるかに大きな報酬を与えてくれるものである」と喝破（かっぱ）している．

この言葉に、出版人の資質と課題が集約されているだろう．

(塩澤　実信)

注）
1）ジョン・モーリー（1838〜1923年）イギリスの政治家でジャーナリスト．多くの雑誌・書籍の編集および著作がある．
2）サー・スタンリー・アンウィン（1814〜1968年）ジョージ・アレレ・アンド・アンウィン社の創立者．イギリス書籍人協会会長、全国図書連盟副会長
3）ドイツ人レクラムが創立した出版社．小型版の叢書「レクラム文庫」を1867年から発行
4）小林勇『蝸牛庵訪問記』講談社文芸文庫　1991年
5）『小林勇文集』第11巻　1983年　p.68
6）『週刊東洋経済新報』1944年　第2133号
7）『菊池寛全集』平凡社　1930年
8）「創刊の辞」『月刊文藝春秋』1923年1月
9）『文藝春秋にみる昭和史』第3巻　1988年　p.119, 152（非売品）

10) 塩澤実信『名編集長の足跡』グリーン・アロー出版　1994 年　p. 20
11) 同上書　p. 240
12) 鈴木均ほか『読者を探せ』学陽書房　1981 年　p. 41

参考文献

『出版人の遺文・岩波書店岩波茂雄』栗田書店，安部能成『岩波茂雄伝』岩波書店
　　1957 年
小林勇『惜櫟荘主人』『一本の道』他，筑摩書房，塩澤実信『出版その世界』恒文
　　社　1991 年
『東洋経済新報社百年史』東洋経済新報社　1996 年
『石橋湛山全集』全 15 巻　東洋経済新報社　1970 年
『週刊東洋経済』抄　東洋経済新報社　1991 年
増田弘『石橋湛山』中央公論新社　1995 年
杉原四郎『日本の経済雑誌』日本経済評論社　1987 年
『回想　鈴木一平』大修館書店　1992 年
紀田順一郎『内容見本にみる出版昭和史』1992 年
塩澤実信『出版その世界』恒文社　1991 年
菊池寛『話の屑籠と半自叙伝』文藝春秋　1988 年
菊池寛『菊池寛文学全集』12 巻　平凡社　1929 年
鈴木氏亨『菊池寛伝』実業之日本社　1937 年
池島信平『雑誌記者』中央公論社　1977 年
『岩堀喜之助を偲ぶ』平凡出版　1983 年
『創造の四十年』マガジンハウス　1985 年
清水達夫『二人で一人の物語』出版ニュース社　1985 年
『集英社 70 年の歴史』集英社　1997 年
「幻冬舎のベストセラー量産術」『AERA』1996 年 7 月 29 日
速水由紀子「見城徹」『AERA』1999 年 8 月 16 日
『編集会議』2003 年 6 月
見城徹「顰蹙は金を出してでも買え」朝日新聞夕刊 1998 年 6 月 20 日〜4 回連載

付　表

都道府県別出版社並びに小売店数

	出版社	小売店		出版社	小売店
北海道	33	306	滋賀	7	94
青森	15	97	京都	139	302
岩手	10	93	大阪	193	554
宮城	16	231	兵庫	34	293
秋田	7	93	奈良	8	117
山形	3	78	和歌山	4	84
福島	6	131	鳥取	1	42
茨城	12	191	島根	1	58
栃木	9	111	岡山	12	116
群馬	8	83	広島	18	146
埼玉	59	309	山口	6	73
千葉	30	249	徳島	4	53
東京	3,406	942	香川	4	53
神奈川	90	465	愛媛	10	87
新潟	10	140	高知	7	53
富山	6	120	福岡	24	421
石川	11	107	佐賀	2	84
福井	3	73	長崎	5	112
長野	24	127	熊本	7	103
山梨	6	60	大分	2	78
岐阜	6	108	宮崎	2	74
静岡	20	309	鹿児島	7	159
愛知	54	392	沖縄	15	63
三重	5	139	**合計**	**4,361**	**8,173**

〔注〕出版社2003.3現在.小売店2002.10現在.出版社数は出版ニュース社調査.
小売店数は日本書店商業組合連合会調査による.

　出版社が東京に集中（78％）している理由は，流通のカナメにある取次会社が東京にあることだ．それにひきかえ小売店は全国的に偏在しているといえよう．しかし，大都市には多いことはたしかだ．近年，大型書店や支店の出店が相次いでいる．一方では年間1,000店もの書店が転廃業している．

東京都の地域別出版社数

	出版社		出版社
足立区	10	青梅市	1
荒川区	6	清瀬市	3
板橋区	30	国立市	6
江戸川区	7	小金井市	2
大田区	26	国分寺市	4
葛飾区	4	小平市	4
北区	22	狛江市	0
江東区	17	立川市	4
品川区	38	西東京市	4
渋谷区	220	多摩市	2
新宿区	524	調布市	4
杉並区	63	八王子市	14
墨田区	6	羽村市	1
世田谷区	68	東久留米市	1
台東区	60	東村山市	5
中央区	228	東大和市	1
千代田区	882	日野市	6
豊島区	153	府中市	3
中野区	65	福生市	1
練馬区	45	町田市	12
文京区	435	三鷹市	9
港区	349	武蔵野市	14
目黒区	46	武蔵村山市	1
昭島市	0	西多摩郡奥多摩町	0
あきる野市	0	合計	3,406
稲城市	0		

〔注〕出版ニュース社調査.

日本の出版社の規模

現存出版社の創業年

年		社数		年		社数
1899	（明治32年）以前	75社	戦前419社	1954	(29)	
1900	(33)			1956	(31)	138
1902	(35)	6		1957	(32)	
1903	(36)			1959	(34)	121
1905	(38)	9		1960	(35)	
1906	(39)			1962	(37)	161
1908	(41)	8		1963	(38)	
1909	(42)			1965	(40)	146
1911	(44)	10		1966	(41)	
1912	（大正元年）			1968	(43)	187
1914	(3)	22		1969	(44)	
1915	(4)			1971	(46)	208
1917	(6)	20		1972	(47)	
1918	(7)			1974	(49)	261
1920	(9)	21		1975	(50)	
1921	(10)			1977	(52)	246
1923	(12)	36		1978	(53)	
1924	(13)			1980	(55)	282
1926	（昭和元年）	29		1981	(56)	
1927	(2)			1983	(58)	251
1929	(4)	33		1984	(59)	
1930	(5)			1986	(61)	216
1932	(7)	35		1987	(62)	
1933	(8)			1989	（平成元年）	190
1935	(10)	32		1990	(2)	
1936	(11)			1992	(4)	169
1938	(13)	26		1993	(5)	
1939	(14)			1995	(7)	123
1941	(16)	28		1996	(8)	
1942	(17)			1998	(10)	123
1944	(19)	29		1999	(11)	
1945	(20)		戦後3,406	2001	(13)	83
1947	(22)	165		2002	(14)	
1948	(23)			2003	(15)	
1950	(25)	217		不明		536社
1951	(26)			合計		4,361社
1953	(28)	119				

組織

株式	2,767	任意	121
有限	462	個人	218
合資	11	同人	38
合名	1	特殊	19
社団	186	福祉	6
財団	150	その他	8
宗教	30	不明	320
学校	24	合計	**4,361**

資本金

50万円以下	18社	2,001～3,000	187
51～100	36	3,001～4,000	109
101～200	14	4,001～5,000	129
201～300	259	5,001～1億	154
301～400	31	1億以上	257
401～500	65	不明	1,261
501～1,000	1,413		
1,001～2,000	428	計	**4,361社**

従業員数

10名以下	2,250社	201～1000	118
11～50	1,011	1,001名以上	45
51～100	226	不明	553
101～200	158	計	**4,361社**

索　引

あ 行

IT（情報通信技術）	61
IT 化	119
青空文庫	70
アカデミック・ジャーナル	66
「朝の読書」運動	9
アサヒ芸能	48
朝日ジャーナル	30
あしたのジョー	30
アリストテレス	12
アリストファネス	12
アンアン	151
いきいき	6
生きかた上手	6
池島信平	150
違憲立法審査基準	139
石橋湛山	146
委託販売	76
委託販売制	80
e ブック	69
岩波茂雄	143
岩波新書	143
岩波全書	143
岩波文庫	143
岩堀喜之助	151
インターネット	2, 60
インターネット元年	61
インターネット放送	70
Web	7
ウェブマガジン	71
薄田泣菫	46
HTML	63
SGML	63
SD カード	7
XHTML	63
XML	63
NTT ドコモ	8
FD	62
Emma	50
MSA 秘密保護法	131
M-stage book	8
エンターテインメント	51
円本ブーム	147
美味しんぼ	31
老いてこそ人生	6
大型書店	17
大阪屋	115
オーディオ・ビデオブック	23
大人向けマンガ	27
卸売ルート	85
オンデマンド出版	8
オンライン書店	70

か 行

改造社	147
学術雑誌	15, 66
学術出版	12
学術情報	13
学術専門書出版社	22
学術団体	16
加除出版社	121
語りの本	6
課長島耕作	31
活字文化懇談会	94
活版	62
活版印刷	62
神田村	77
キオスク端末	7
菊池寛	149
教科書検定	129
教科書出版	16
巨人の星	30
ギリシア古典	12
緊急指定	136
金田一少年の事件簿	37
近代デジタルライブラリー	66
キン肉マン	32
草の根ファシズム	136
クッキー	39
クレヨンしんちゃん	36
グローバル・アクセス	64
クロワッサン	151
訓示規定	138
刑事特別法	131
携帯電話	2, 42, 61

契約編集者 ……………………………125
ケーブルインターネット ……………61
ゲーム …………………………………42
現代日本文学全集 ……………………147
幻冬舎 …………………………10,154
コアミックス …………………………35
郊外型書店 ……………………………79
公権力規制 ……………………………129
公正取引委員会 ………………………78
幸田露伴 ………………………………145
講談社 ……………………………4,153
高付加価値経営 ………………………111
国内人権委員会 ………………………134
ゴシップ欄 ……………………………51
言葉狩り ………………………………133
子どもの読書運動の推進に関する法律 …9
小林勇 …………………………………144
個別指定 ………………………………136
コミック誌 …………………………4,28
コミック市場 …………………………29
コミックス …………………………4,28
コミックパンチ ………………………35
ゴルゴ13 ………………………………31
コロコロコミック ……………………38
コンテンツ（内容） …………………139
コンテンツ販売 ………………………7
コンビニエンスストア ………………115
コンピューター組版 …………………62

さ 行

サー・スタンリー・アンウィン ……143
サイバー犯罪条約 ……………………139
裁判員制度 ……………………………140
再販制 …………………………………74
佐佐木茂索 ……………………………150
雑高書低 ………………………………3
雑誌ジャーナリズム …………………138
雑誌編集倫理綱領 ……………………130
差別表現 ………………………………133
サライ …………………………………6
30代向け女性誌 ………………………6
サンデー ………………………………45
サンデー毎日 …………………………43
CATV …………………………………75
JJ ………………………………………6
JPIC ……………………………………9
ΣBook …………………………………7

時限再販 ………………………………92
自主規制 ………………………………130
JIS規格 …………………………………75
実名報道 ………………………………138
指定再販商品 …………………………95
CD-ROM ………………………………62
CD-ROM出版 …………………………63
CD-ROM本 ……………………………23
シニア雑誌 ……………………………6
柴崎コウ ………………………………7
CVS店舗 ………………………………86
CVSルート ……………………………84
司法救済 ………………………………141
清水達夫 ………………………………151
写真週刊誌 ……………………………50
写真週報 ………………………………47
写真植字 ………………………………149
週 ………………………………………45
自由価格本 ……………………………90
週刊朝日 ………………………………43
週刊現代 …………………………43,48
週刊コウロン …………………………48
週刊サンケイ …………………………47
週刊誌おやつ説 ………………………51
週刊誌オヤマア説 ……………………51
週刊時事 ………………………………48
週刊誌説教強盗説 ……………………51
週刊誌タバコ説 ………………………51
週刊少年サンデー ……………………153
週刊少年マガジン ……………………153
週刊女性 …………………………43,48
週刊新潮 …………………………43,48
週刊大衆 ………………………………48
週刊分冊百科 …………………………114
週刊文春 …………………………43,48
週刊平凡 ……………………48,50,151
週刊宝石 ………………………………48
週刊ポスト ………………………43,48
週刊毎日 ………………………………47
週刊明星 ……………………………48,50
週刊読売 ………………………………47
集団的名誉毀損 ………………………133
週報 ……………………………………47
出版概論 ………………………………143
出版規制 ………………………………129
出版指標年表 ………………………2,6

索　引　167

出版社系週刊誌 …………………48	青少年有害環境対策基本法案（子ども保護法）………………140
出版ニュース …………………………7	青年コミック誌 ……………………27
出版販売倫理綱領 ……………131	政府刊行物ルート …………………85
出版物取次倫理綱領 ……………131	世界 …………………………………145
出版文化産業振興財団 ……………79	世界週報 ……………………………47
出版法（旧出版条例） ……………128	世界の中心で愛をさけぶ ……………6
種の起源 ……………………………24	セクハラ防止 ………………………56
旬刊朝日 ……………………………46	全協・出版科学研究所 ………………2
ジュンク堂書店 ……………………10	潜在的読者 …………………………17
省エネ型電子ブック …………………7	センセーショナリズム ……………50
「衝撃の告白」シリーズ ……………48	千と千尋の神隠し …………………41
少子高齢化 ……………………………2	専門出版社 ………………………122
小日本主義 ………………………146	専門書出版 …………………………19
少年コミック誌 ……………………27	専門店ルート ………………………85
少年サンデー ………………………29	総合雑誌 …………………………150
SHONEN JUMP …………………40	総合週刊誌 …………………………44
少年ジャンプ ……………4, 28, 32, 153	総合出版社 ………………………121
少年マガジン ………………………29	造語合戦 ……………………………52
情報 …………………………………24	漱石山脈 …………………………144
情報公開 …………………………120	ソフトウェア産業 ………………109
情報産業 …………………………109	損害賠償 …………………………129
情報通信革命 ………………………60	た　行
書高雑低 ……………………………3	大学出版部 …………………………16
女性自身 …………………………43, 48	大学出版部協会 ……………………24
女性セブン …………………………43	大学生協 ……………………………17
書店ルート …………………………84	大漢和辞典 ………………………147
人権と報道に関する宣言 …………53	大修館書店 ………………………147
人権・プライバシー侵害 …………55	大日本主義 ………………………146
人権擁護シンポジウム報告書 ……56	タイム ………………………………48
人権擁護法案 ……………………134	Timebook Town ……………………7
新古書店 …………………………2, 86	Timebook Library …………………7
新再販制 ……………………………92	貸与権 …………………………………9
人種差別撤廃条約 ………………134	立花隆レポート …………………132
新潮 ………………………………113	TOUCH ……………………………50
新潮新書 ……………………………6	田中角栄研究──その金脈と人脈…151
新潮45 ……………………………113	田中健五 …………………………151
新聞紙法（旧新聞紙条例） ………128	男女雇用機会均等法 ………………56
新聞販売店ルート …………………85	断筆宣言事件 ……………………133
隙間出版 ……………………………16	知識産業 …………………………109
スキャンダル ………………………53	地中海 ………………………………10
鈴木一平 …………………………147	ちびくろサンボ事件 ……………133
スタンド販売ルート ………………84	ちびまる子ちゃん …………………34
スラムダンク ………………………34	地方分権 …………………………120
税関検査 …………………………129	中小出版社 ………………………113
生協ルート …………………………84	中小取次会社 ………………………87
青少年保護条例 …………………129	

沈黙の艦隊 …………………………31
通常ルート …………………………122
通信 …………………………………60
　——の秘密 ………………………139
出会い系サイト規制法 ……………139
Deep Love …………………………7
DSL（デジタル加入者線） ………61
定価販売 …………………………76,80
定期購読 ……………………………4
DTP …………………………………63
DVD …………………………………78
定量分析 ……………………………14
デジタルコンテンツ産業 …………70
デジタルブック ……………………138
デスクトップ・パブリッシング（DTP）
　………………………………………22
TEX（テフ） ………………………63
デフレ不況 …………………………2
テレビ ………………………………42
電子辞書 …………………………8,69
電子ジャーナル ……………………65
電子出版 ……………………………62
電子書籍コンソーシアム実証実験 …70
電子書籍ビジネスコンソーシアム …7
電子書籍 Information ………7,8,69
電子書店パピレス ………………8,70
電子新聞 ……………………………70
電子データ ………………………62,67
電子図書館 …………………………22
電子ブック ……………………22,23,69
電子文庫パブリ ……………………71
電子編集 ……………………………62
電子編集制作 ………………………70
電波メディア ………………………60
電話 …………………………………75
糖衣編集法 …………………………150
盗聴法（通信傍受法） ……………139
東洋経済新報社 ……………………146
トーハン ……………………………87,115
読書行動 ……………………………2
読書人口 ……………………………3
読書推進運動 ………………………9
Dr スランプ …………………………32
特定報道 ……………………………138
図書館員の倫理綱領 ………………131
図書館の自由に関する宣言 ………131

独禁法 ………………………………80
ドラえもん …………………………28
ドラゴンボール ……………4,28,32
取次 …………………………………77
取次会社 ……………………………76
取引マージン ………………………116
鳥山明 ………………………………4

な 行

直木三十五 …………………………151
なかよし ……………………………37
夏目漱石 ……………………………144
ナニワ金融道 ………………………31
二重構造 ……………………………120
日経 BP ………………………………4
日経ビジネスアソシエ ……………4
日配 …………………………………76
日本国憲法 …………………………128
日本雑誌協会（雑協） ……4,114,130
日本出版取次協会（取協） ………131
日本出版配給株式会社 ……………76
日本出版物小売業組合全国連合会（小
　売連） ………………………………131
日本出版販売（日販） ……………87,115
日本書籍出版協会（書協） ………130
日本書店商業組合連合会（日書連） …116
日本標準産業 ………………………109
ニューヨーカー ……………………48,151
人間中心主義 ………………………59
ネットワーク ………………………62
ネットワーク出版 …………………62
ノン・フィクション路線 …………150

は 行

パーソナルコンピューター ………61
パートワーク ………………………114
破壊活動防止法 ……………………131
バカの壁 ……………………………6
バガボンド …………………………39
パソコン …………………………42,75
発禁処分 ……………………………129
パッケージ系媒体 …………………63
発売頒布禁止 ………………………128
パブリッシングリンク ……………7
バブル経済 …………………………2
ハリー・ポッター・シリーズ ……9
ハロルド・ロス ……………………151
判型 …………………………………75

索引

犯罪報道	130
非再販本	92
ビジュアル化	59
美少女戦士セーラームーン	37
ビッグコミック	30, 31
ビッグコミックスピリッツ	31
ヒューマンインタレスト	51
表現の自由	128
ファッション誌	5
ファンタジー	9
FORCUS	50
複合店	80
不敬罪	128
不正アクセス禁止法	139
ブックスタート	9
部分再販	92
FRIDAY	50
プライバシー	54
ブラックジャックによろしく	28
FRASH	50
フリーライター	125
不利益報道	130
ブロードバンド元年	61
ブロードバンド時代	61
ブロックバスター時代	154
プロバイダー責任法	139
文化勲章	143
文化的後進性	27
文藝春秋	132
文春ジャーナリズム	151
平凡	151
平凡出版（現マガジンハウス）	151
平凡パンチ	48, 151
VERY	6
編集権	124
編集プロダクション	113
返品条件付買切制	80
包括指定	136
放送	60
法定再販	90
法定再販商品	80
ホームジャーナル	58
ポケットモンスター	28, 38
ポルノ出版物規制	129

ま 行

マガジンハウス	113
マジンガーZ	32
マッチ・ポンプ手法	51
マヌティウス, A.	12
マルチメディア元年	61
マルチメディア時代	138
マンガ	27
MANGA	41
漫画アクション	30, 36
マンガ喫茶	86
三浦鋳太郎	146
箕輪成男	13
名探偵コナン	38
名誉毀損訴訟	55
名誉毀損・プライバシー侵害	132
メールマガジン	71, 138
メガヒット	6
モーニング	28
木版	62
文字コード	72

や 行

ヤングマガジン	31
「有害コミック」問題	135
有害図書規制	131
遊戯王	38
輸出ルート	84
ユダヤ人差別	134
University press	23
用字用語の規制	135
吉野源三郎	145
ヨハン・グーテンベルグ	62
読み聞かせ	9
予約購読	5

ら 行

リーダーズ・ダイジェスト	150
リファレンス系電子出版物	69
ルーラル電子図書館	71
レクラム文庫	144
ローティーン・ファッション誌	5
ロフクイスト, W. S.	15

わ 行

猥褻・差別表現	132
猥褻表現物	132

編著者紹介

植田康夫

1939年　広島県に生まれる
1962年　上智大学文学部新聞学科卒業
専　攻　出版論
主　著　『現代の出版』理想出版社　1981年
　　　　『ベストセラー考現学』メディアパル　1992年
現　職　上智大学教授・日本出版学会会長

新　現場からみた出版学

2004年4月10日　　　第一版第一刷発行

編著者　植　田　　　康　夫
発行所　株式会社　学　文　社
発行者　田　中　千　津　子

東京都目黒区下目黒3-6-1（〒153-0064）
電話 03 (3715) 1501（代）振替00130-9-98842
（落丁・乱丁の場合は，本社でお取替え致します）
定価はカバー，売上カードに表示〈検印省略〉
　　ISBN4-7620-1311-0　印刷／株式会社亨有堂印刷所